哈佛商务指南系列⑪

营销者百宝箱
——成功营销的十大策略

哈佛商学院出版公司 编

刘刚 袁冲 译

商务印书馆
2008年·北京

MARKETER'S TOOLKIT

The 10 Strategies You Need to Succeed

Original work copyright © Harvard Business School Publishing Corporation.

Published by arrangement with Harvard Business School Press.

图书在版编目(CIP)数据

营销者百宝箱——成功营销的十大策略 /哈佛商学院出版公司编;刘刚,袁冲译.—北京:商务印书馆,2008
(哈佛商务指南系列)
ISBN 978-7-100-05689-2

Ⅰ.营… Ⅱ.①哈…②刘…③袁… Ⅲ.市场营销学 Ⅳ.F713.50

中国版本图书馆 CIP 数据核字(2007)第 183933 号

所有权利保留。

未经许可,不得以任何方式使用。

营销者百宝箱
——成功营销的十大策略
哈佛商学院出版公司 编
刘刚 袁冲 译

商务印书馆出版
(北京王府井大街36号 邮政编码 100710)
商务印书馆发行
北京瑞古冠中印刷厂印刷
ISBN 978-7-100-05689-2

2008年7月第1版　　　开本 700×1000 1/16
2008年7月北京第1次印刷　印张 18¼
印数 5 000 册

定价:38.00元

商务印书馆—哈佛商学院出版公司经管图书
翻译出版咨询委员会

（以姓氏笔画为序）

方晓光　盖洛普（中国）咨询有限公司副董事长
王建铆　中欧国际工商学院案例研究中心主任
卢昌崇　东北财经大学工商管理学院院长
刘持金　泛太平洋管理研究中心董事长
李维安　南开大学国际商学院院长
陈国青　清华大学经管学院常务副院长
陈欣章　哈佛商学院出版公司国际部总经理
陈　儒　中银国际基金管理公司执行总裁
忻　榕　哈佛《商业评论》首任主编、总策划
赵曙明　南京大学商学院院长
涂　平　北京大学光华管理学院副院长
徐二明　中国人民大学商学院院长
徐子健　对外经济贸易大学副校长
David Goehring　哈佛商学院出版社社长

致中国读者

哈佛商学院经管图书简体中文版的出版使我十分高兴。2003年冬天，中国出版界朋友的到访，给我留下十分深刻的印象。当时，我们谈了许多，我向他们全面介绍了哈佛商学院和哈佛商学院出版公司，也安排他们去了我们的课堂。从与他们的交谈中，我了解到中国出版集团旗下的商务印书馆，是一个历史悠久、使命感很强的出版机构。后来，我从我的母亲那里了解到更多的情况。她告诉我，商务印书馆很有名，她在中学、大学里念过的书，大多都是由商务印书馆出版的。联想到与中国出版界朋友们的交流，我对商务印书馆产生了由衷的敬意，并为后来我们达成合作协议、成为战略合作伙伴而深感自豪。

哈佛商学院是一所具有高度使命感的商学院，以培养杰出商界领袖为宗旨。作为哈佛商学院的四大部门之一，哈佛商学院出版公司延续着哈佛商学院的使命，致力于改善管理实践。迄今，我们已出版了大量具有突破性管理理念的图书，我们的许多作者都是世界著名的职业经理人和学者，这些图书在美国乃至全球都已产生了重大影响。我相信这些优秀的管理图书，通过商务印书馆的翻译出版，也会服务于中国的职业经理人和中国的管理实践。

20多年前,我结束了学生生涯,离开哈佛商学院的校园走向社会。哈佛商学院的出版物给了我很多知识和力量,对我的职业生涯产生过许多重要影响。我希望中国的读者也喜欢这些图书,并将从中获取的知识运用于自己的职业发展和管理实践。过去哈佛商学院的出版物曾给了我许多帮助,今天,作为哈佛商学院出版公司的首席执行官,我有一种更强烈的使命感,即出版更多更好的读物,以服务于包括中国读者在内的职业经理人。

在这么短的时间内,翻译出版这一系列图书,不是一件容易的事情。我对所有参与这项翻译出版工作的商务印书馆的工作人员,以及我们的译者,表示诚挚的谢意。没有他们的努力,这一切都是不可能的。

哈佛商学院出版公司总裁兼首席执行官
万季美

译 者 序

世界著名的管理大师彼得·德鲁克在开展企业咨询、诊断工作的时候,情形总是这样的:双方坐定之后,雇主总会提出一大堆的问题向德鲁克求教。这时,德鲁克总会避开这些问题,然后反问雇主说:"你最想做的事是什么呢?""你为什么要去做呢?""你现在正在做什么呢?""你为什么这么做呢?"德鲁克绝不会取代雇主去"解决问题",而是帮助雇主"界定问题"。他改变了雇主所问的问题,并提出一连串问题反问雇主,目的是帮助雇主认清问题,找出问题的关键,然后让雇主自己动手去解决那些亟待解决的问题。

我们可以看到,德鲁克在以实际行动告诫着企业家们,不要迷信管理大师能给你带来企业的成功,要针对现实情况进行具体的分析,找出有针对性的解决办法。营销工作也是如此,企业必须学会去管理自己的营销行为,从而培育营销的竞争力。市场营销的职能在于:识别顾客的需要和欲望,确定企业所能提供最佳服务的目标市场,设计出适当的产品、服务和项目,以满足这些需要和欲望。很多营销人员都热衷于营销观念的学习,但都是被动地现学现用、现囤现卖,导致的结果就是,营销观念虽然很先进,对营销的重视程度也不可谓不高,但却往往致使企业走进营销误区、市场误区,甚至是发展误区。究其原因是因为这些营销人员不清楚各种营销工具的使用方法和特性,没有选择恰当的营销工具。

企业的营销工作实际上就是合理使用营销工具，争取市场，赢得顾客的过程。真正的营销高手是那些能够准确地掌握营销工具的使用方法和特性，并且灵活运用这些营销工具的人。他们在开展营销工作的过程中，如果遇到困难，会努力去寻找恰当的营销工具，运用这些工具来发现问题，通过工具的指导来解决问题。也就是说，企业的营销人员必须学会自己去界定问题、分析问题并寻求解决问题之道。

使用营销工具能够让营销实践更有效率。传统的营销学著作往往注重理论上的探讨和创新，对实践的指导作用有限。本书则希望通过对各种营销工具的详细介绍，让读者对营销工具的认识能够逐渐深入，并更好地借助它们来完成各种营销工作。全书逻辑框架非常清晰，系统、全面地对企业开展市场营销活动的各个步骤进行了详解，介绍了在每一个步骤中可能用到的各种营销工具及其最新的发展，从营销战略到营销战术，从营销计划到营销实施等等。对于大多数读者而言，包括营销实践人员以及那些非营销专业的学生，都不需要过多地纠缠于理论研究，只需要了解营销学中基本的原理和概念即可，重要的是，他们需要知道，这些原理和概念在营销实践中是如何得到应用的，这就需要从本书所配备的"百宝箱"中选择一种或几种合适的营销工具。将市场营销学中的观念和思想工具化，会使历经百年发展的市场营销学更多地具有科学的成分，体现出市场营销学的可操作性，使其真正能够用来指导市场营销实践活动，让营销人员在今后的工作中有章可循，营销工作从此走向规范化。

市场营销不仅仅是一项孤立的企业职能,而且还是指导整个企业经营管理活动的一种理念。换句话说,对于企业而言,作为一种职能的市场营销固然重要,建立一种营销导向则更为重要。这种营销导向要求企业中的所有人都要有营销意识,都要去关注顾客的需求,所有部门、所有人的所有活动都应该围绕营销展开,为营销服务。从这个角度来说,本书是一本企业中的所有员工都应该阅读的好书,书中的一些工具对于营销活动的顺利开展具有很大的帮助。

1. 制定营销战略和计划的工具

在开展营销活动之前,必须要制定相应的营销战略和计划。营销战略是对营销过程的总体安排,为企业的营销活动提供方向。营销计划则是对营销战略的具体化,包括企业怎样推出新产品、怎样扶持现有产品、怎样定价、怎样促销,甚至怎样对过程进行控制,怎样对结果进行测量等等,来实现营销的目标。作者在附录中提供了一个市场营销计划的模板,读者可以利用这一模板来制订适合不同企业不同需要的营销计划。

2. 市场研究的工具

成功开发新的市场机会是企业长期生存和发展的基础。而寻找这些机会则需要持续地对外部环境进行分析。市场研究是一个倾听和学习的过程,是企业为了解顾客和竞争对手、识别市场机会而必须作出的努力。了解顾客、识别市场机会有多种途径,包括正式和非正式的各种市场研究方法。读者若能熟练掌握并综合运用本书中所介绍的市场研究方法和工具,就可以有效地分析市场状况以及顾客需求,从而对市场和顾客有一个更加清晰和全面的认识。

3. 市场细分、选择目标市场及市场定位的工具

并非所有人都需要同样的产品,大多数产品只能满足某一特定市场的特定需求和偏好。在了解市场和顾客需求之后,企业需要将市场按某些要素进行细分,然后选择其中最有潜力的目标市场,并通过某种定位来突出自己。这就是营销工具中最具实用性的三种技术:市场细分、选择目标市场和市场定位。作者对每一种技术都作了较为详尽的说明,企业在运用这些技术选择了正确的细分市场并进行了正确的定位之后,才能在相关目标市场上有效地开展营销工作。

4. 分析竞争状况的工具

所有有效的营销计划都离不开对竞争者和竞争领域的深入分析,企业一定要知道竞争者是谁,它们分别有哪些竞争优势与竞争劣势。本书提供了分析竞争状况的工具,包括怎样识别竞争者,怎

样分析竞争者,怎样评价竞争者等。文中提到的"波特五力模型"是竞争分析中最重要的工具,同时也是本书中最重要的工具之一。掌握竞争分析的工具,分析竞争对手的状况,才能做到"知己知彼,百战不殆"。

5. 品牌塑造的工具

为了提高产品或服务的赢利水平,有必要通过各种努力促使大众产品或服务实现差异化。而品牌塑造是实现差异化的重要手段之一。本书评价了让产品或服务实现差异化的各种方法,描述了品牌塑造的各种手段,有助于让读者找到让大路货也能成长为杰出品牌的具体途径。

6. 计算顾客价值的工具

营销人员的目标是获得、维持和发展顾客。但并非所有顾客都具有同样的经济价值,有些顾客甚至会给企业带来损失。营销人员容易将顾客忠诚和获得利润混为一谈,这种错误的认识会让他们将时间和精力浪费在那些对企业的利润贡献极少甚至没有贡献的顾客身上。为了剔除这些顾客,留下对企业的利润贡献较大的顾客,必须计算顾客的经济价值。作者在附录中为读者提供了两个计算顾客价值的工具,第一个是计算单个顾客价值的工具,以便认清顾客最看重哪一方面的价值;第二个则是计算顾客终身价值的工具,有助于估算每位顾客的终身价值是多少。通过顾客价值的计算,找出企业真正应该服务的顾客对象,为企业带来更多的利润。

7. 开发新产品的工具

新产品的开发是企业生存和成长的一个重要基础,同时也是差异化的重要手段。本书将会告诉你进行新产品开发的各种方法,例如研制突破性产品、改良现有产品、水平产品线延伸、垂直产品线延伸等等。同时,还会介绍新产品开发流程以及在新产品开发过程中可以用到的各种工具。

8. 定价的工具

价格是影响顾客购买的决定性因素之一,企业对产品的定价策略直接影响到该产品的销售。本书将会分析各种定价策略的优缺点及适用条件,指导企业对产品进行定价。同时,还会介绍一种重要的定价工具——顾客理解价值的计算,即顾客愿意为某种产品支付的理想购买价格。这一工具能够为企业在实施定价策略时提供更多的参考依据。

9. 传递营销信息的工具

企业需要让目标顾客获得关于产品的信息,使他们产生兴趣,然后才能实现产品的销售。同时,企业希望在每个顾客接触点上传达的品牌信息是一致的。这可以通过整合营销传播来实现。本书解释了整合营销传播的目标,描述了实现整合营销传播的六个步骤。营销人员将学会:如何在各种传播工具之间分配资源,并保证这些传播工具以协调一致的方式发挥作用。

10. 应对营销新环境的工具

随着营销环境的变化,企业的营销策略和营销行为也必须作出相应的改进。本书第 11 至第 13 章说明了在各种变化中企业应作出的营销调整。通过这几章的学习,营销人员能够提高自身的应变能力,在应对诸如网络营销、国际市场营销以及未来可能会面对的各种挑战时作出正确的决策,更好地对营销环境的变化作出响应。

刘刚　袁冲
于中国人民大学商学院
2008 年 2 月

销者百宝箱

目 录

销者百宝箱

目 录

序言 …………………………………………………… 1

1 **市场营销战略**——市场营销战略如何配合
　　企业战略? …………………………………… 13
　什么是战略? ………………………………… 15
　战略决策过程 ………………………………… 17
　市场营销战略如何配合企业战略 …………… 18
　市场营销战略和产品生命周期 ……………… 22
　小结 …………………………………………… 30

2 **制订市场营销计划**——总论 ………………… 33
　从战略到计划 ………………………………… 34
　通过营销组合来实施计划 …………………… 36
　计划实施的控制 ……………………………… 43
　小结 …………………………………………… 44

3 **市场研究**——倾听和学习 …………………… 47
　正式的市场研究 ……………………………… 49
　分析买方偏好的两种正式方法 ……………… 52

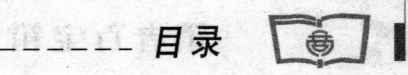

非正式研究方法:与顾客密切联系 ·················· 61
　　小结 ·· 68

4　**市场的定制化**——市场细分、目标市场选择与市场
　　定位 ·· 69
　　市场细分 ·· 72
　　目标市场选择 ··· 76
　　市场定位 ·· 79
　　小结 ·· 81

5　**竞争者分析**——了解你的对手 ························ 83
　　你的竞争对手是谁? ··· 86
　　需要分析的特性 ·· 87
　　波特的五力模型 ·· 92
　　小结 ·· 95

6　**品牌塑造**——顾客所看重的差异化 ················ 97
　　日用产品或服务的差异化 ································· 99
　　差异化的方法 ··· 101
　　有价值的差异化 ·· 106
　　小结 ·· 109

7　**合适的目标顾客**——顾客的获得、维持和发展 ····· 111

销者百宝箱

顾客的经济价值 …………………… 113
顾客维持 …………………………… 119
顾客发展 …………………………… 123
小结 ………………………………… 126

8 开发新的产品和服务——营销人的角色 …… 127
两种类型的新产品 ………………… 130
将产品线延伸到新的市场 ………… 134
新产品开发过程 …………………… 138
营销人的角色 ……………………… 142
新产品策略 ………………………… 146
不能只关注新产品 ………………… 147
小结 ………………………………… 149

9 合理定价——战略、应用及可能的陷阱 …… 151
成本加成定价 ……………………… 154
撇脂定价 …………………………… 155
渗透定价 …………………………… 157
发展经验曲线 ……………………… 159
声望定价 …………………………… 161
诱饵定价 …………………………… 162
价格促销 …………………………… 163
顾客理解价值：价格的最终裁决者 …… 166

定价和产品生命周期 ··· 168
　　小结 ·· 171

10　整合营销传播——创造性、一致性和有效的资源
　　　　分配 ·· 173
　　营销传播的目标 ·· 175
　　传播媒介 ·· 177
　　综合考虑 ·· 181
　　管理的挑战 ··· 183
　　小结 ·· 184

11　互动营销——新渠道、新挑战 ···································· 187
　　不断增长的在线销售 ··· 189
　　电子邮件营销 ··· 192
　　网上交易 ·· 198
　　小结 ·· 201

12　国际市场营销——营销范围的拓展 ···························· 203
　　产品决策 ·· 206
　　促销 ·· 210
　　渠道（或分销） ·· 212
　　价格 ·· 213
　　对国际市场营销决策的控制 ·· 215

销者百宝箱

  小结 …………………………………………………… 217

13 市场营销新发展——未来的挑战 ……………… 219
  现在的买方拥有更多的信息 …………………………… 220
  信誉的传达 ……………………………………………… 222
  跳出营销传播混乱的困境 ……………………………… 223
  市场分散 ………………………………………………… 224
  结果测量和责任导向 …………………………………… 226
  营销道德 ………………………………………………… 229
  小结 ……………………………………………………… 231

附录 有用的实施工具 ……………………………… 233
注释 …………………………………………………………… 241
术语表 ………………………………………………………… 249
扩展阅读 ……………………………………………………… 259
顾问简介 ……………………………………………………… 271
作者简介 ……………………………………………………… 273

销者百宝箱

序　言

序　言

这是一部关于市场营销的著作,既涵盖了营销的基本思想,也包括了当今更富挑战性的一些营销问题,例如网络营销和全球营销。不管你是工程师、销售人员、产品研发人员还是技术专家,如果你承担着管理工作,又对营销不甚了解,本书都会让你迅速熟悉营销方面一些必要的概念。

任何公司的任何人都需要了解营销。如果你已经参与了营销工作,比如,营销研究人员、销售代表、电子商务网站管理人员,本书会拓宽你对这门学科的理解,并向你展示营销的各个组成部分在连贯而有效的营销战略和营销计划中分别起什么作用。

营销导向

市场营销(marketing)既是一种业务职能,也是一种商业导向。我们中大多数人只记得营销的职能——也就是营销人员的工作:销售、促销、广告、市场调研、物流、公关等。事实上,大多数资金的确都用在了以上的营销活动或者相关人员身上。

在19世纪50年代早期,营销职能有效地"占有"着顾客——"占有"指市场营销对顾客要负全部责任,并向顾客提供与企业沟通的渠道。企业其他人员的职责是生产产品和实施物流活动,而营销人员的职责是销售产品。这种职责划分起源于著名的生产导向(production orientation)理论(见图Ⅰ-1)。生产导向是基于这样一种理念,即人们会倾向于购买价格便宜和使用方便的商品。在这种理念的基础上,产生了大规模生产和早期的工业时代:生产产品并把它们推向市场。

这种将产品推出去的导向在19世纪和20世纪初都非常有效。这一时期,人们最基本的物质需求与商品生产和竞争呈现出高度相关性。那个时候的市场能够吸收大量的产品,例如,亨利·福特(Henry Ford)的新生产线生产的所有价格便宜的T型车、乔治·伊斯特曼(George Eastman)生产的所有10美元的柯达相机和胶卷。由于物质匮乏,上述产品及其他成百上千种新产品受到了社会大众的普遍欢迎。

生产导向促使人们相信,营销人员——包括推销员、策划人员、订单处理人员等——要对顾客负全部责任。其他员工则可以坐在公司里,集中精力做另外的工作,不用同购买公司商品或服务的顾客进行交谈,也不用对他们进行研究,甚至都不用考虑他们。

销者百宝箱

图1-1 生产导向

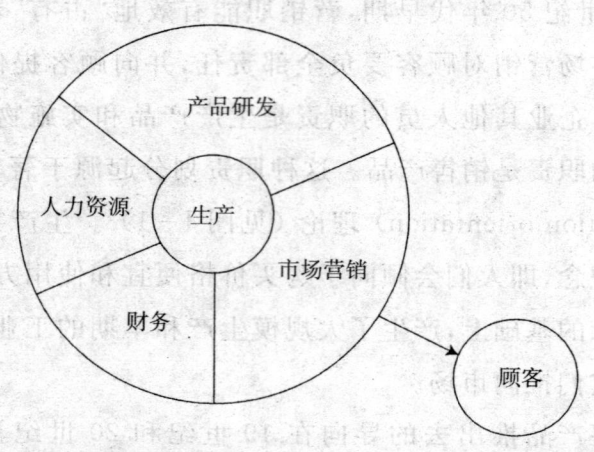

尽管生产导向现在仍然存在,并在不发达的经济中有很好的效果,但是在其他地方则已经失去了它的功效。这是因为:市场变得饱和,竞争更加激烈,而购买者则寻求从所购商品中获得更大的价值和独特性。这也导致了经营导向上的重要转变,即了解顾客的需求变得非常重要。因此,1933年的时候,阿尔弗雷德·斯隆(Alfred Sloan)告诉通用汽车的股东,通用的顾客研究部门邀请了上百万的北美驾车者来"与通用汽车的工程师和设计师分享技术方面的实践经验"。此举可谓空前。而斯隆在下面这封信里则迈出了更远、更重要的一步:

将消费者研究作为一种职能行为会给人错误的印象。广义上说,它的实质更应该是一种执行的哲学,即用顾客喜欢的方式为他们服务。这种哲学如果要完全发挥效用,

序言

就必须延伸到经营的各个阶段,以对企业信誉的影响大小作为标准来衡量每一次行动,识别获利最迅速的方法——同时也是持久获利的保证。[1]

上文中斯隆详细表述的就是后来著名的市场导向（market orientation）观念。这或许是市场导向的第一次书面记载。市场导向认为,企业必须了解顾客的欲望、需求和所看重的价值,然后围绕生产和配送顾客真正喜欢的产品和服务而开展经营活动。几十年后,管理大师彼得·德鲁克（Peter Drucker）吸收了斯隆的理念,并引用他的名言:"关于企业目标,只有一种定义是准确的,那就是:创造顾客。"[2]

营销导向将企业管理的焦点从生产转移到对顾客的了解和服务上来（见图 I-2）。它对于管理者和公司员工有深远的指导意义。市场营销部门不再独占顾客,顾客是公司里每个人都必须首要关注的对象。就像戴维·帕卡德（David Packard）曾经说过的:"市场营销是如此重要,它不仅仅是营销部门的事情。"无论你从事企业财务、新产品研发、新员工培训工作,还是从事生产流程规划工作,你都必须了解你的工作是如何影响到顾客的。因为,最终顾客满意度是长期收益率中最重要的组成部分。文森特·巴拉巴（Vincent Barabba）清楚地描述了这种新的导向:"如果你向顾客提供他们需要并且是创新性的解决方案,价格却控制在他们愿意支付的水平以下,并且确保你的员工是健康、积极,且拥有丰富的知识,所有其他事情（包括利润、成长、成就及服务意识以及所在社区对你的认同程度等）就是水到渠成的事情。"3

图1-2 市场营销导向

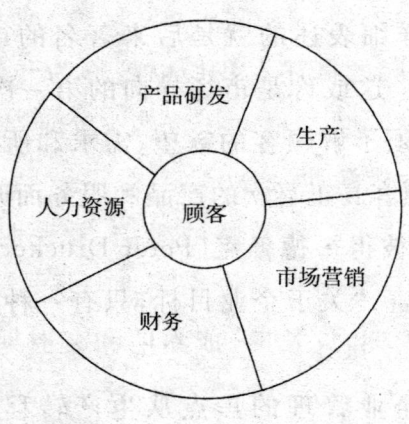

你的企业的营销导向是什么？是众多职能部门都以顾客为导向，还是为顾客服务的职责完全落在营销部门的手中？希望答案是前者。本书的每一个案例都能帮助你了解怎样通过战略、行动方案、调研和其他行为来与顾客进行沟通。因为只阐述"基本要点"，本书不可能将你培训成为专家，但本书能让你领略要点，使你沿着正确的方向前进。

写在前面

以下是本书内容的概述。我们以战略为开始，在战略中描述了怎样和竞争对手区别，怎样利用资源。企业战略推动组织的所有关键行为，包括营销活动。

第1章初步描述了企业战略的概念，并说明了市场营销如何与之结合。本章还介绍了产品生命周期这一重要的概念，它可以分为四个阶段：导入期、成长期、成熟期和衰退期。企业在任何时期都需要一部关于产品和服务的营销战略，而了解产品的生命周期就能够帮助你制定营销战略，并且知道何时需要修改战略。关于上述内容的探讨很自然地过渡到第2章的主题：营销计划，即如何将战略转化为具体的行动。营销计划确切地解答了企业在营销一线应该做些什么、谁来做、何时做等问题。

成功的企业都在持续扫描外部环境以寻求新的机会，这个过程也是一个倾听和学习的过程。第3章描述了环境扫描的正式和非正式方法，并列举了两个常用的研究工具——观念测试和组合分析来分析顾客的偏好。

第4章涵盖了营销工具中最有用的三种技术：市场细分、目标市场选择和市场定位。某些产品和服务拥有普遍的吸引力，例如电力和混凝土。但大多数产品和服务都并非如此，它们必须面向某一特定市场的特定需求和偏好。本章分析了市

销者百宝箱

场细分的目的,并在考虑多种因素的影响下着眼于市场细分的基本要素。然后,阐述怎样选择最有潜力的目标市场,如何定位以突出自身。

在识别了有吸引力的细分市场之后,必须明确这一市场的竞争情况。对竞争对手的了解常常意味着战争已经取得了一半的胜利。第5章可以帮助你识别竞争对手,分析竞争状况。它们的战略和目标是什么?与你相比,它们的优势和劣势分别在哪里?它们对你的行为会作出何种反应?

第1章到第5章包括了每个营销人员必须要系统了解和应用的基本概念,它们好比营销人工具箱中的锤子和扳手。剩下的章节则阐述了营销人员和他们的同事要应付的许多难题。品牌就是其中首先要面对的。一些报告中声称,现在市场上已有超过200万个品牌,并且还在以每天400个到700个新品牌的速度递增。塑造品牌形象的关键在于要使产品或服务出类拔萃,但是在众多品牌中如何才能脱颖而出呢?第6章描述了使品牌脱颖而出的各种重要手段,评价了差异化的各种方法,这样的话即便是大路货也能成长为杰出品牌。

许多企业致力于同顾客发展长期的关系。这一点在金融服务类(银行、信用卡、保险)企业、咨询公司、供应商企业、连锁型宾馆,甚至杂货店都尤为正确。这些企业依赖于老顾客的重复消费,目标是在较长的时间里从老顾客身上获得更多的利润。第7章分析了关系营销的各个环节:获得顾客、维持顾客和发展顾客。并且用经济的观念来帮助你区分有利可图的顾客和无利可图的顾客。

序言

一旦完成这一步,你就会知道如何进行市场定位,以及如何集中你的营销资源去实现利益的最大化。

第 8 章讨论的是营销人员在新产品开发中所扮演的角色。当一种产品(或服务)进入成熟期,销售量逐渐下降时,要么振兴它;要么替代它。这是个棘手的选择。大量的资本和精力投入到新产品的开发中,但在从形成概念到机会识别再到商业化的一系列步骤中,只有最适合的产品才能存活下来。本章会让你熟悉开发过程,并了解营销人员对产品开发能够作出什么贡献。

定价是市场营销组合的四个组成部分之一——是第 9 章的主题。第 9 章解释了不同的定价策略,以及它们各自的优缺点。定价策略包括:成本加成定价法、撇脂定价法、渗透定价法、声望定价法、诱饵定价法、价格促销和理解价值定价法。在考虑定价策略时,我们也会回顾产品生命周期的过程。

在向人们推荐产品与服务以及促使潜在顾客达成交易这两个阶段,市场营销人员会采用不同的沟通方式。这些沟通方式包括广告、人员推销、直邮等等。虽然有多种沟通方式可用,但营销主管必须寻找一种方法,以便能够持续地将品牌信息传递给每一位顾客。第 10 章描述了这个过程,它被称为整合营销传播(IMC)。

第 11 章的主题是网络营销,这是一块庞大的业务,仅仅是在美国,每年就有 1 100 亿到 1 700 亿美元的销售额。网络是一个迅速增长的行业,是一个高效、经济的渠道,在吸引、保持和发展顾客方面拥有无穷的潜力。你是否正在利用这些非常规的分销渠道?

销者百宝箱

如果你寻求创意,本章会提供一些关于电子邮件和网络营销的小技巧。

第 12 章的主题是国际市场营销,解决营销人员在寻求本国之外的顾客时面临的问题。在这些问题中,有些问题基本上和评估国内细分市场时面临的问题一样:这些市场是否具有足够的吸引力?是向所有的市场提供同样的产品,还是为满足各个细分市场的偏好而提供定制的产品?怎样让顾客知晓品牌并建立品牌差异?本章将在跨国背景下说明这些问题。

最后一章,即第 13 章,解读了市场营销人员未来将会面临的挑战。

就像任何一种企业职能一样,市场营销也有一些专有的词汇:品牌资产、市场营销组合、垂直产品线等等。这些词汇的定义和示例会在书后的术语表中列出。

我们同样提供了一个附录,其中有很多有用的工具,我们首次将它在网络上公开,并命名为哈佛管理向导(Harvard Manage Mentor)。第一个工具是一个模板,你可以用它来制订市场营销计划。第二个工具借助一个方程,帮助你思考顾客看重哪方面价值。第三个工具则帮助你估算每个顾客的终生价值是多少。这些都将以交互式工作表的形式发布到网上。所有三种工具都能够免费从《哈佛商业指南》的网站 www.elearing.hbsp.org/business-tools 下载。进入网站以后,可以看看本系列中其他丛书的相关工具,也许对非市场营销方面的工作会有帮助。

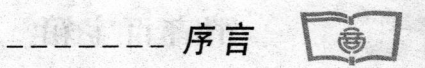

因为只是一本概括性的书,本书对市场营销的内容有选择地进行了介绍。但市场营销的内容远不止这些。如果你想要了解更多,可以参见本书末尾"扩展阅读"。你可以看到许多有用的网站、文章和书籍,它们对你进一步的学习有着极大的帮助。

销者百宝箱

销者百宝箱

1 市场营销战略

1 市场营销战略

——市场营销战略如何配合企业战略？

本章要点：

➢ 企业战略的基本理论

➢ 将市场营销战略与企业战略结合

➢ 市场营销战略在产品生命周期的各个阶段应如何改变

你的企业采用哪种市场营销战略？有没有为定价和分销制定战略？有没有为拉丁美洲的客户专门制订计划？有没有为即将上市的新产品制定首次广告和电视广告的发布时间流程表？

这些都是很重要的问题，因为每一个企业都需要相应的市场营销战略。然而，我们在谈市场营销战略的时候，需要首先考虑企业战略。因为每一步市场营销活动都必须与企业战略相适应。

本章阐述了企业战略和市场营销战略的基本知识，并且谈了两种战略结合的基本方法。同时还描述了产品生命周期的四个阶段：导入期、成长期、成熟期和衰退期，并解释了市场营销战略怎样随着各个阶段进行调整的。

什么是战略？

"战略"（strategy）一词源于希腊语"strategos"，原先是军事用语，指军事将领的指挥艺术，即将领如何部署和调整兵力来击败敌人。19世纪著名的军事理论家卡尔·冯·克劳塞维茨（Carl von Clausewitz）将战略描述为"拟订作战计划，形成行动方案，并由此决定每场战役的部署。"[1]后来，历史学家爱德华·米德·厄尔（Edward Mead Earle）将战略描述为"控制和利用一国或几国资源——包括军事力量，使这些国家的重要利益得到有效提升和保护的技术。"[2]

商务人士常常喜欢拿军事与商业作类比，所以他们能够接受战略的观念并不奇怪。他们同样将战略视作一种计划，一种控制和利用他们的资源（人力、物力和金融资本），使得他们的重要利益得到提升和保护的计划。哈佛教授迈克尔·波特（Michael Porter）将战略定义为"关于如何开展业务竞争的方案"。[3]当然，这种竞争方案是具有差异性，并包含有某种竞争优势的。"竞争战略具有差异性，"波特说道，"它意味着有意地去选择某种行为来传达某一独特的价值观。"[4]以下是一些常见的案例：

➢ 西南航空（Southwest Airlines）公司并非靠照搬竞争对手的模式而成为北美最赢利的航空公司。相反，它采取了一种有别于竞争者的战略，即低价格、高频率的班次、点对点服务

和顾客满意的服务。

➤ eBay给人们提供了一个销售和获得商品的新途径：网络拍卖。同样是为分类广告、跳蚤市场和正式拍卖提供服务，但eBay让其变得简单、高效，而且传播面更广。网络拍卖使eBay的服务有别于传统的竞争者。

到目前为止，这些战略使它们的制定者运转良好，并区别于竞争对手的优势。西南航空公司是北美最赢利的航空公司，eBay也是最成功的网络公司。差异性有多种表现形式。即便企业产品与竞争者雷同，也可以通过战略上的区分，比如更优的价格、更快和更可靠的配送，来加以区别。

当然，差异化本身并不能提供竞争优势，甚至也不能确保业务成功。这种差异必须能够为顾客创造价值。火箭车是有差异性的，但它可能吸引不到足够多的顾客，所以它是不成功的。与之相比，复合型汽车——一种汽油和电力均可作燃料的汽车——也具有差异性，同时能为顾客创造更多的价值，因为它能节省燃料，降低尾气排放。这些价值也是人们乐于购买的。

那么，战略到底是什么？战略就是一种计划，计划的目的是使企业具有区别于竞争对手的优势。战略使你了解你在做什么，知道你想要成为什么，最重要的是，它关注的是怎样做才能实现你的目标。一个合理的战略如果被正确地实施，能够使各个阶层的管理者和员工明确目标和方向，并以此来界定自己的工作职责，使组织获得成功；反之，一个组织如果没有清晰的战略，就会失去方向，就会胡乱行动，当机遇来临时，盲目地向各个方向前行，只能实现很少的目标。

战略决策过程

企业中最重要的事情就是,战略的制定和实施必须按照一定的过程来处理——也就是从投入到产出的一系列行为。这一过程见图1-1。可以看到,战略的制定以企业的使命陈述为基础。因为使命陈述明确了企业的意图,详细说明了它能为顾客和其他利益相关者做些什么。

高级管理层根据使命来设定目标。这些目标是组织使命的清晰呈现,用于策划行动以及衡量过程是否正确。目标的制订应该基于对以下两者的实际了解:外部的商业与市场环境,内部的组织能力。

典型的做法是,在广泛的研究和分析之后开始制定战略,根据企业需要优先解决的问题来确定过程,而这些问题由高级管理层来识别;它们能否解决关系到企业长期的成功。

高级管理层和部门负责人需要一起来实施制定出来的程序,确保企业的战略——总战略和各部门战略——紧密联系,这样战略才能成功地实施。

图 1-1　战略决策过程

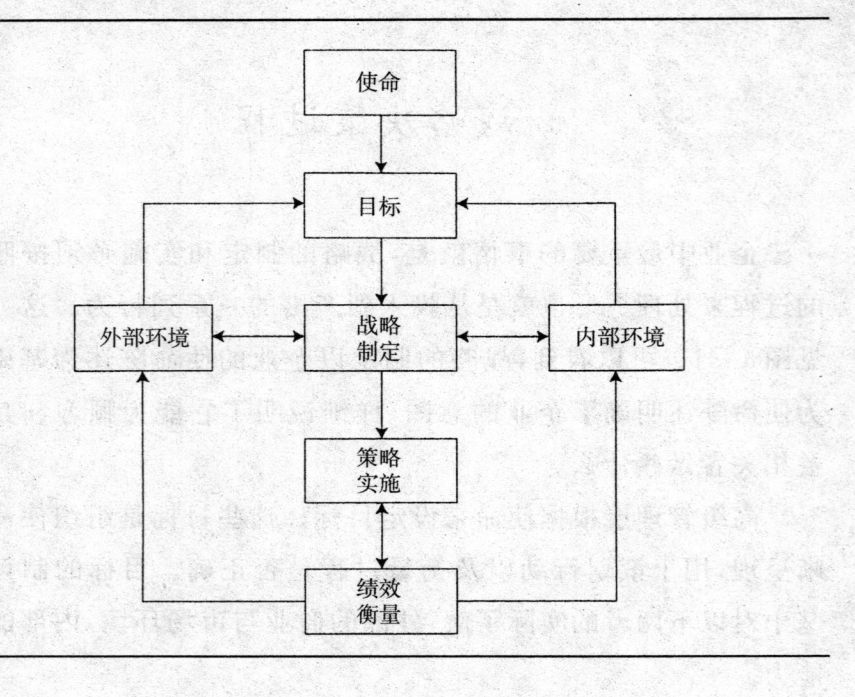

```
           ┌──────┐
           │ 使命 │
           └───┬──┘
               ↓
           ┌──────┐
      ┌───→│ 目标 │←───┐
      │    └───┬──┘    │
      │        ↕        │
  ┌───┴──┐ ┌──────┐ ┌──┴───┐
  │外部环境│↔│战略制定│↔│内部环境│
  └───┬──┘ └───┬──┘ └──┬───┘
      │        ↕        │
      │    ┌──────┐    │
      │    │策略实施│    │
      │    └───┬──┘    │
      │        ↕        │
      │    ┌──────┐    │
      └────│绩效衡量│────┘
           └──────┘
```

市场营销战略如何配合企业战略

企业的每一项行为都必须与企业战略相结合。每一项行为都必须是为实现最高目标服务的,这样,最后才能实现企业陈述的使命。在善于管理的企业里,从执行层到邮件收发室,每一个员工都能陈述企业的使命和目标,都能说出自己的日常工作对使命和目标的实现有什么贡献。

同样,每一种职能都必须将自己的目标和行为与更高一层的企业战略结合起来。以市场营销为例,从定价、分销到与顾客沟通,市场营销的每一步活动都应该在服务于战略目标的基础上策划。事实上,市场营销是相当重要的,它需要引导企业战略的制定。如果竞争优势是"差异化",管理层就必须回答以下两个问题:什么差异是有价值的,哪些人认为它有价值?

管理层自然而然地从市场营销中寻求答案。因为企业与外部竞争者和潜在顾客(通过市场调研和持续地与顾客接触确定)的基本联系——市场营销通常处于了解顾客需求和价值的最佳位置。而这些知识就是企业层面和执行层面企业战略的核心部分。企业战略制定者从市场营销人员那里寻求以下信息:

➤竞争者的威胁
➤有利可图的机会
➤市场增长、成熟和衰退的区域
➤潜在和明显的顾客需求
➤分销和定价的建议

通过提供以上信息,市场营销人员不仅参与战略策划,还为公司、事业部、产品等不同层面提供计划和策略。例如,我们知道西南航空公司是以低价格、高频率的班次、点对点服务和使顾客满意的服务区别于其他航空公司的。公司的市场营销人员就必须围绕这种战略来制订计划。在公司层面上,企业必须将西南航空的特点简要地传递给旅行者:"我们会载你到任何你想去的地方,无论何时,价格包你满意。你会享受这段旅途的。"在航线层面上,市场营销人员必须考虑得更加富有策略性,他们必须确定每条航线的

最佳机票价格,确定旅行者最满意的启程时间,确保广告信息的发布能够使得人们在选择某一特定航线时首先考虑西南航空的航班。市场营销人员还要考察新航线的潜在商业价值:在城市 A 和城市 B 之间的旅行市场有多大的需求?哪些航空公司已经在经营这条路线?顾客有可能转向别家吗?因此,市场营销人员参与到许多的活动中,但目标都是为企业的战略目标服务。

市场营销战略的核心是回答一个问题:为什么顾客购买我们的产品(或服务)而不是竞争者的?由市场营销战略形成关于产品的市场营销计划的核心部分。

与企业战略一样,市场营销战略在组织不同层面上有所区别(图 1-2)。在大公司里,人们制定公司层、战略业务单位(strategic business unit,SBU)层和产品层战略。在小一些的公司里,三个层面上的战略也许被一起制定出来。事实上,较小公司的产品经理在制定市场营销战略时可能会问:"我们要怎样来营销自己的产品?"要回答这个问题,首先需要对自己的产品有一个清晰的认识,它的竞争优势在哪里,或者从顾客的角度来看,它是否比竞争者的产品更有效地满足了需求。

市场营销战略也明确了以下几点:

> **目标市场。** 比如受过良好教育的高收入驾驶者。
> **如何通过定位产品或服务来吸引目标市场。** 例如,"我们的咨询服务能同时给你带来深入的行业调查和高技术含量的解决方案"。
> **如何塑造产品品牌。** 产品的品牌(brand)是一个名称、术

语、标志、象征，或者图案——或者是上述的组合。它可以识别你的产品，与竞争者区别开来。例如，"可口可乐"（Coca-Cola）指的是一种独一无二的碳酸型软饮料。

每一位战略制定者都必须了解外部的环境。对营销人员来说，就意味着要深入了解以下几点：

➤ 目标市场大小、人口统计特征和典型行为特点
➤ 顾客能够通过推荐产品上感知到的初步受益
➤ 未来几年的销售量、市场份额、收益的估计

市场营销战略本身应该是概括性的。你将在本书后面的章节中看到，战略执行的细节是在营销计划中展开的。

图1-2 市场营销战略和企业战略

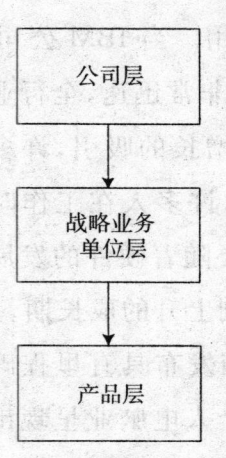

层级	市场营销投入：
公司层	• 帮助设定公司的战略目标 • 制订宏观的市场营销计划
战略业务单位层	• 帮助设立业务单位的目标 • 制订市场营销计划，包含预算和具体策略
产品层	• 帮助设立产品目标 • 制订市场营销计划，包含预算和具体策略

销者百宝箱 ------------------------------------

市场营销战略和产品生命周期

产品或服务的市场状况通常会随着时间而变化。例如,一种概念上的新产品——电视机、电脑、掌上电脑(PDA)、手机等——要经历四个生命周期阶段(如图 1-3 所示):导入期、成长期、成熟期和衰退期。每个阶段都会给营销人员带来特别的挑战,因此营销人员必须了解每个阶段的环境,依此制定战略,以推动销售。

以个人电脑为例,当它在 20 世纪 70 年代末首次出现时,只有一小部分人(包括技术专家、数学家和电脑爱好者)感兴趣,电脑都是成套销售。苹果(Apple)公司和其他的制造商先后引入了改进的机型,简化了电脑的安装和使用。软件工程师编写的操作程序也使得电脑能够在更多的工作领域中使用。当 IBM 公司在 1981 年加入到个人电脑业时,市场的增长已经非常迅速,全行业的销售量每时每刻都在增长。受到销售量不断增长的吸引,许多新的竞争者也加入到这个行业中来。在此之后,许多人在工作时有一台电脑,同时家里还有一台,每隔两三年就要随着硬件的发展升级换代。此时的个人电脑处于生命周期里急剧上升的成长期。

到了 20 世纪 90 年代末,即苹果电脑发布具有里程碑意义的产品——苹果Ⅱ代——仅仅 20 年之后,个人电脑业呈现出了成熟期的多个特征:因为市场饱和而导致的增长缓慢,顾客对价格开始抵触,信息技术产品更新速度减缓,利润率下降。个人电脑已经成

市场营销战略

为大众产品,就像冰箱和电视机一样。在这个阶段,只有大型制造商才能获得成功。因此,小公司纷纷退出个人电脑市场。惠普(HP)为了达到赢利需要的规模,并购了竞争对手康柏(Compaq)。IBM 则将其个人电脑业务出售给了联想(Lenovo)。

图 1-3 典型的产品生命周期

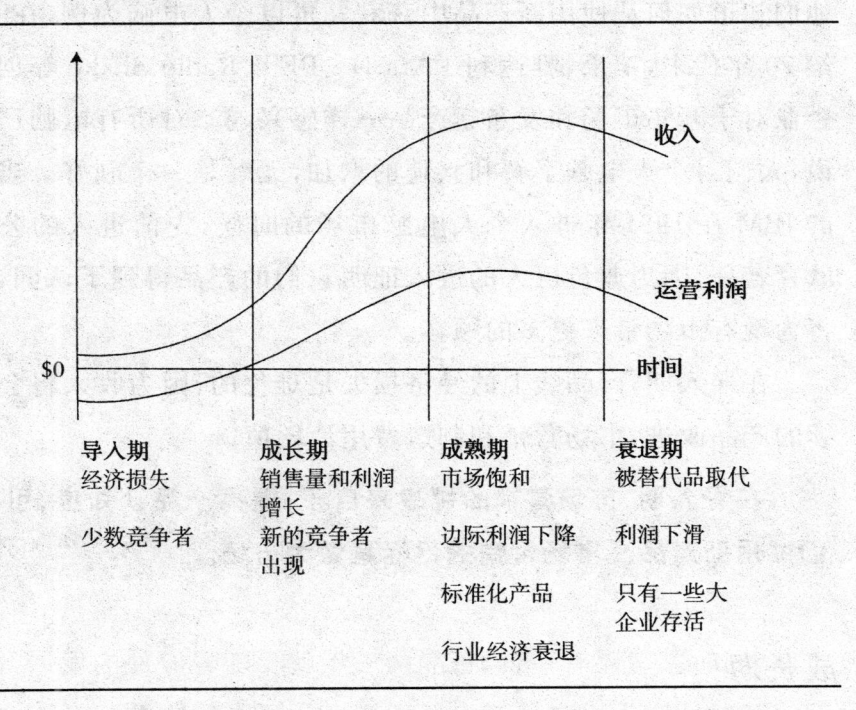

	导入期	成长期	成熟期	衰退期
	经济损失	销售量和利润增长	市场饱和	被替代品取代
	少数竞争者	新的竞争者出现	边际利润下降	利润下滑
			标准化产品	只有一些大企业存活
			行业经济衰退	

在产品生命周期的每一个阶段,市场营销战略都要随之作出变化。我们来看看是怎样的变化。

销者百宝箱

导入期

在这个阶段,只有一家或几家创新型企业关注新鲜事物。市场营销的任务有两个方面:提高产品的认知度;培训潜在顾客,使他们知道如何从使用新产品中获利。再以个人电脑为例,在20世纪70年代末,苹果、雅达利(Atari)、PET、Radio Shake等创新型企业对于开拓市场和发布新产品一样感兴趣。对所有电脑厂商来说,人们对个人电脑了解和兴趣的增加,无疑是一个利好。当强大的IBM在1981年进入个人电脑市场的时候,先前进入的公司都欣喜若狂,因为蓝色巨人的进入证明它们的产品得到了认同,并且将为现有市场带来更多的顾客。

在导入期,产品线上的经济损失是难免的,因为收入将会被持续的产品改进、市场营销和制造费用消耗掉。

> 在导入期,市场营销的挑战来自于:提高产品认知度,引导人们试用新产品。市场营销的目标是做大市场。

成长期

部分产品会经历一个收入快速增长的阶段。净收入直线上升,亏损阶段结束。然而,从已有案例来看,只有很小比例的收入转为了净收入。原因在于:企业(或者产品线)急于将经营收益投入到产品改进、品牌塑造和市场扩张上去。网络拍卖巨头eBay的

市场营销战略

故事就证明了这一点。

eBay 从 1995 年开始以家庭为基础开展它的业务。网上买卖的概念是非常有吸引力的,这使得它的市场增长迅速。图 1-4 描绘了从 1996 到 2002 年 eBay 成型的这个阶段收入和净收入的增长情况。可以注意到:净收入只是在 1997 到 1999 年间增长比较缓慢,尽管收入每年都以成倍的速度增长。即便没有其他的信息,我们也可以看得出来:eBay 对于亏损底限的管理是比较宽松的。事实上,公司从收入中提取现金以加强基础设施、进行品牌建设和发展新的拍卖形式。同时,eBay 还富有侵略性地投资进入其他的拍卖领域,通过收购,先于潜在竞争对手进入这些市场。

图 1-4 eBay 成长期的收入和净收入（1996—2002）

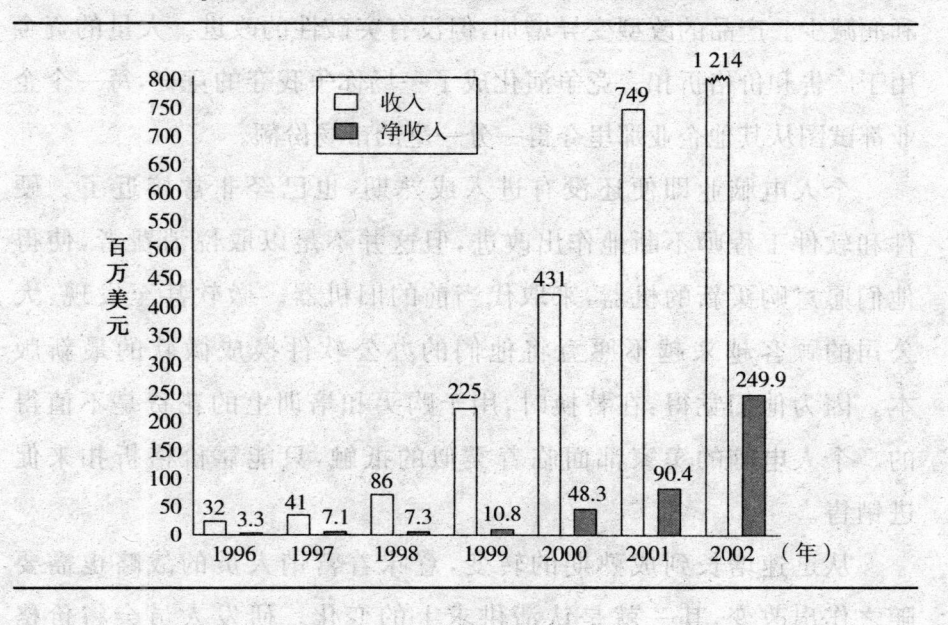

年份	收入	净收入
1996	32	3.3
1997	41	7.1
1998	86	7.3
1999	225	10.8
2000	431	48.3
2001	749	90.4
2002	1 214	249.9

（单位：百万美元）

销者百宝箱

> 在成长期,市场营销的挑战来自于从提高产品认知度到塑造品牌的转变。因为受收入和利润增长的吸引,很自然会出现新的竞争者,所以你必须全神贯注于在这个增长的市场上实现市场份额的最大化。将产品铺开来,获得尽可能多的收益,就像苹果公司在2005年推出低价的迷你iPod时那样。

成熟期

　　大多数行业和产品最终会到达成熟期。特征就是:制造商进一步合并,销售量增长缓慢,甚至停止增长,利润减少。在成熟期,卖方市场让位于买方市场。制造商为了获得更大的市场份额而相互竞争,导致利润减少。产品的改型变异增加,但没有突破性的改进。大量的资金用于广告和价格折扣。竞争演化成了一场你争我夺的竞赛,每一个企业都试图从其他企业那里夺得一分一毫的市场份额。

　　个人电脑业即便还没有进入成熟期,也已经非常接近了。硬件和软件工程师不断地作出改进,但这并不足以取悦消费者,使得他们愿意购买新的机器,来取代当前的旧机器。微软甚至发现:大公司的顾客越来越不愿意将他们的办公软件换成微软的最新版本。因为他们觉得:在替换时,用于购买和培训上的花费是不值得的。个人电脑的卖家都面临着类似的抵触,只能靠价格折扣来促进销售。

　　从迅速增长到成熟期的转变,意味着营销人员的战略也需要随之作出改变,其一就是认清供求上的变化。研发人员会将价格和其他的新特征整合到成熟产品中去,而你要尝试着将它们区分开来。在非常成熟的汽车市场上,你会看到成熟期的营销策略正在被实施。例如,美国的汽车市场非常成熟,汽车制造商只能靠低费用和零首付来促进销售。它们开始吹嘘一些技术上的小发明,比如通用汽车(GM)的 OnStar 全球卫星定位系统和紧急路况服务系统;或者提供新的汽车技术,使自己与众不同,比如客车上的四轮驱动。

"更新加改良"——你可能已经在别人描述成熟的产品时听过不下千遍了。事实上,在成熟期,战略的目的是试图让品牌复兴,增加销售收入。图 1-5 代表了品牌复兴的目标,描绘了某一品牌的导入期、成长期、成熟期和衰退期。加粗的线条是指企业战略和市场营销战略的制定者在经过某种方式的品牌复兴之后,所能得

图 1-5 品牌复兴

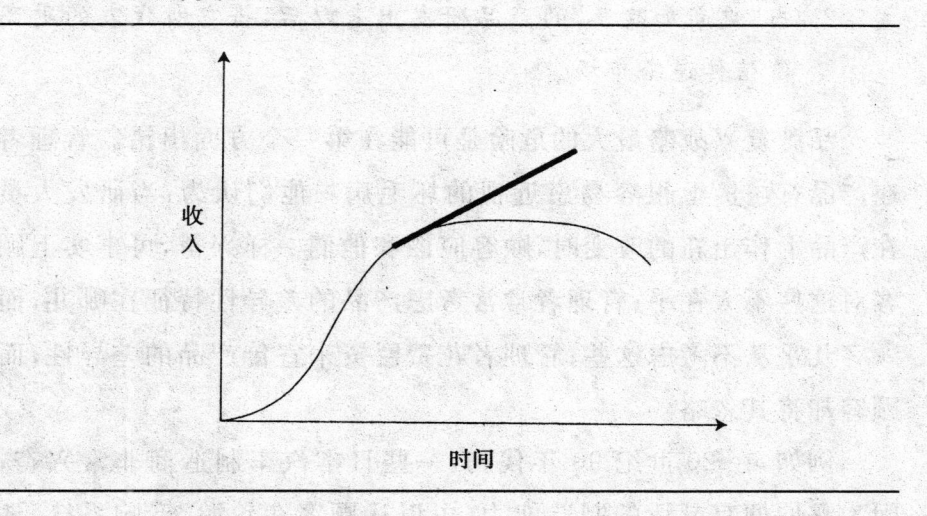

到的结果。而品牌复兴的目的就是:让品牌能够回到成长期所起的作用上。下面是一些品牌复兴的例子:

- 将无线技术应用到便携式电脑上。
- 将全球卫星定位系统应用在客车上。
- 将去牙渍的成分添加到传统牙膏中。
- 现有产品的新用途(例如,Arm & Hammer 在烘焙苏打的促销宣传中声称,将产品放进一个敞开的盒子,摆在冰箱里,能够净化冰箱里的空气;也可以放进猫窝里,能够有效地减少异味)。

市场营销在品牌复兴战略中起到以下两个方面的作用:

1. 与产品研发者共同确定顾客认为有价值和愿意掏腰包的卖点。
2. 当"更新加改良"的产品研发出来以后,将它所代表的更高价值传递给市场。

品牌复兴战略最大的危险是可能在第一个方面出错。管理者在产品"改进"上很容易患近视的坏毛病。他们认为:当研发人员在产品上作出新的改变时,顾客应该和他们一样兴奋,可事实上顾客对这些不太在乎;管理者常常考虑产品的差异性特征在哪儿,而顾客几乎从不考虑这些;管理者花费巨资来宣传产品的差异性,而顾客却将其忽略。

例如,在20世纪90年代初,一些日本汽车制造商非常兴奋,因为它们拥有灵活的制造能力,可以让顾客在轮胎、音响系统、地毯、轮盖等配件上拥有多种选择。这样丰富的选择令人难以置信，同时也带来一些问题：顾客变得犹豫，多样的选择对他们来说是没有价值的。事实上，顾客甚至对其持否定态度，他们要的只是简单的选择。

在成熟期，市场营销的挑战包括：加紧促销，以保证市场占有率；在价格压力越来越大的情况下，缩减制造成本；改进产品以消除缺陷；在品牌延伸时进行权衡，以确保成功。

衰退期

每一样事物都有走到尽头的时候，许多产品和服务也不例外。在衰退期，销售量逐年减少。原因之一就是技术老化。例如，从20世纪50年代开始，电子管的销售量迅速减少，就是因为一种新研制的晶体管取代了其在电子设备上的使用。现在，电子管只能应用在一些特殊装置上了。

导致衰退的另一个原因是消费行为的变化。男装制造商在最近几年遭受了不小的打击，因为工作装变得越来越不正式。随着妇女越来越多地参加工作，缝纫机和机织布的销售量也在逐渐下滑。她们在参加工作以后缺少时间，很难像以前一样自己做衣服了。

在衰退期，市场营销的挑战包括：对现有产品的新用途进行促销，开发现有产品的新市场。比如，在欧洲和北美的出生率下降之后，一家欧洲食品厂将婴儿配方产品转卖到了非洲，在那里，这种普通的食品被看做身份的象征。营销人员必须尽可能多地从品牌中获取利益。

销者百宝箱

不是每种产品和服务都能用产品生命周期的各个阶段来描述。但是在预测未来挑战并提出应对措施时,产品生命周期仍不失为一种非常有用的工具。

花一分钟时间想一想你所在公司提供的产品和服务。它们目前处于生命周期的哪个阶段？营销人员做了哪些工作以增加销售量和利润？

小 结

- ➤ 制定和实施竞争战略是为了产生差异,而这种差异必须是顾客认为有价值的。
- ➤ 在制定战略时,管理层必须确定:什么差异是有价值的？哪些人认为它有价值？
- ➤ 市场营销战略必须同企业战略联系起来。它回答了一个问题,即为什么顾客购买我们的产品(或服务),而不是竞争对手的？
- ➤ 市场营销战略明确了目标市场、产品或服务的定位以及塑造品牌的途径。
- ➤ 一种新产品会经历生命周期的四个阶段:导入期、成长期、成熟期和衰退期。每个阶段向营销人员提出了不同的挑战。
- ➤ 在导入期,市场营销的职责是:提高产品认知度;培训潜在顾客，使他们知道如何从新产品的使用中获利。
- 产品或服务在经历销售快速增长的成长期时，会吸引竞争者的加入。这一阶段的挑战是塑造品牌。
- 在成熟期，卖方市场让位于买方市场。制造商为了获得更大的市场份额而相互竞争，导致利润减少。营销人员的挑战来自于品牌的复兴。
- 在销售量减少的衰退期，营销人员应试着对现有产品的新用途进行促销，开发现有产品的新市场，或者是在产品退出市场之前尽可能多地获取利益。

销者百宝箱

销者百宝箱

2 制订市场营销计划

销者百宝箱

2 制订市场营销计划
——总论

本章要点：

➢ 市场营销计划的目的

➢ 市场营销组合各个要素的设计

➢ 市场营销计划的控制

"**设**计你的工作，实施你的设计。"这条永不过时的经营哲学能够帮助你在任何工作中获得成功——包括市场营销。本章将会阐述市场营销计划和它的各个组成部分。

从战略到计划

市场营销计划（marketing plan）对活动进行安排，以实现企业的营销战略。业务单位或产品层的计划目的是：将产品或服务成功地提供给消费者，满足目标客户的需求，实现企业的销售和市场份额预期。营销计划中应准确地陈述：企业怎样推出新产品，如何扶持现有产品，

制订市场营销计划

并且为销售、促销活动、定价目标和分销制定时间表。在计划中，还应该有控制过程、测量结果的方法。计划需要装订成册，并作为机密保存，以免被竞争对手得到后开展针锋相对的活动。

大多数计划（公司层和产品层）包括以下内容：

➢ 实施摘要。
➢ 目录表。
➢ 现状概括。包括相关的数据和 SWOT 分析（一种对优势、劣势、机会和威胁进行分析的工具）。
➢ 对营销机会所作的评价。包括目标市场描述、顾客需求评价、企业和产品面临的挑战分析。
➢ 财务和营销目标。财务目标通常由不断提高的收入增长和预期收益来表示。营销目标则由销售量和市场份额来表示。
➢ 市场营销战略摘要。这份摘要明确了目标市场，指出产品和产品线应如何定位、分销和定价。摘要还列举了实现目标应采取的措施，这些措施包括销售组织重组、顾客购买折扣、发布全国性广告、开展直邮项目等等。
➢ 逐月制定企业的营销预算。
➢ 每月预测下月的销售量和收入。
➢ 制定监控和评价系统，在计划实施过程中进行监控，在计划实施后进行评价。

附录里有一个市场营销计划的模板，可以用来制订适合每个企业不同需要的计划。

销者百宝箱

通过营销组合来实施计划

营销计划的第一部分是选择目标客户,我们在随后的零售环节主要就是与他们进行沟通。在选择好细分市场之后,用营销组合(marketing mix)来实施计划。营销组合——也被称为市场营销的4P(four P's of marketing)——包括产品、渠道、价格和促销(见图2-1)。它是营销工具的代表之一。在目标市场上使用对实现目标有很大的帮助。

(注:识别目标市场是营销计划的一个基本组成部分,同样地,市场定位也是。我们会在第四章展开讨论。)

产品

产品(product)或服务是营销组合的核心组成部分。无论是人寿保险、洗衣机,还是宽带网络服务,都是企业提供给顾客的产品。它既包括有形的部分,也包括无形的部分,比如质量保证、选择权和售后服务。因此,产品实际上是一个整体的概念。

你可以从有形的特征上区分产品,也可以通过企业为产品提供的服务来区分。产品的有形区别包括:

➢ 外观——大小、形状、结构,比如,阿司匹林的表层和剂量
➢ 功能——例如,一个文字处理程序添加了新的内容编辑

制订市场营销计划

工具
- 性能——产品的基本功能所能达到的水平
- 质量一致性——产品的每个部分都具有同样程度的表现
- 耐用性——在正常情况和超负荷情况下的产品期望寿命
- 可靠性——产品不出故障和失灵的可能性
- 可修复性——产品出故障后修复的便利程度
- 风格——产品的外观和给人的感觉属于什么风格
- 整体设计——上述特征共同作用的结果（使用方便、外形美观、使用寿命长）

图2-1 营销组合在目标市场上的应用

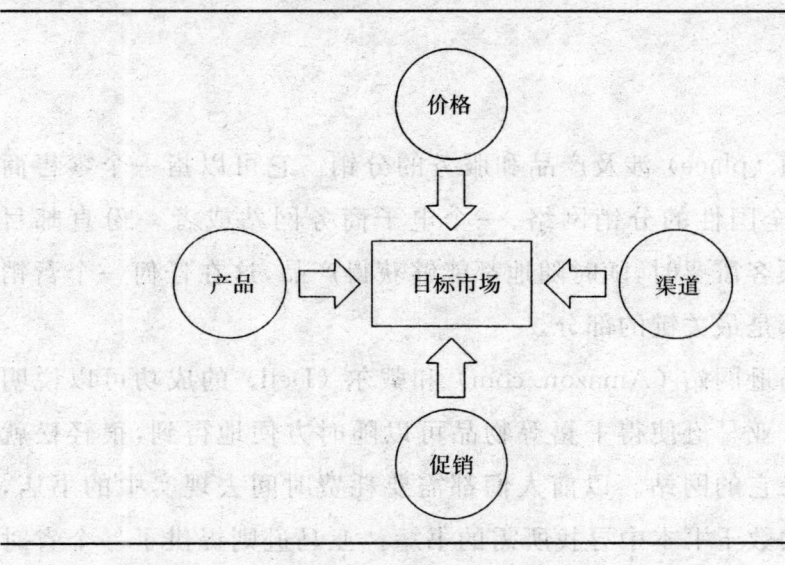

```
            ┌──────┐
            │ 价格 │
            └──────┘
               ↓
┌──────┐    ┌────────┐    ┌──────┐
│ 产品 │ →  │目标市场│ ←  │ 渠道 │
└──────┘    └────────┘    └──────┘
               ↑
            ┌──────┐
            │ 促销 │
            └──────┘
```

也可以通过服务来区分产品。服务的区别有：

销者百宝箱

- 购买便利性——顾客购买产品的容易程度
- 配送——产品送达的速度和准确程度
- 安装——是否能很好地将产品安装在要求的位置,并运转良好
- 顾客培训——企业是否向顾客提供产品使用的培训
- 顾客咨询——企业是否向购买者提供建议等服务
- 保养和修复——企业帮助顾客维护产品正常运转的努力程度

产品或服务的设计应该基于对顾客的欲望、需求和所看重的价值深刻理解的基础之上,通过对市场的理解和研究来确定。

渠道

渠道（place）涉及产品和服务的分销。它可以指一个零售商店、一个全国性的分销网络、一个电子商务网站或者一份直邮目录。当顾客需要时,随时随地都能够获得产品,这在任何一个营销计划里都是最关键的部分。

亚马逊网站（Amazon.com）和戴尔（Dell）的成功可以说明这一点。亚马逊使得书籍等物品可以随时方便地得到,很轻松就可以登录它的网站。以前人们都需要耗费时间去现实中的书店,从架上的数千书本中寻找所需的书籍。亚马逊则提供了一个省时和产品更加丰富的选择。虽然亚马逊的顾客错失了在传统书店里浏览的乐趣,没有机会翻阅那些本有可能购买的书籍,但亚马逊同样给了他们传统书店无法给予的东西：顾客评论和等级划分。

戴尔是另一个渠道成功的案例。直销战略帮助它在个人电脑市场的竞争中胜过对手。当竞争者还按照传统的分销模式，通过零售商店和经销商进行销售时，戴尔跳过了这些中间环节。直销使戴尔可以：

- 得到在其他分销模式中难以获得的顾客信息。
- 实现定制化生产，在产品非常类似的情况下，将自己与竞争者区别开来。
- 使产品随时都可以买得到。

几乎没有哪家企业只有单一的交易场所。相反，许多企业都有不止一条市场渠道（market channels）。渠道越多越有效，达成销售的机会就越多。例如，本书的出版商可以利用以下渠道（如图2-2）：动用销售力量去零售书店获取架上展位；通过亚马逊网站销售；销售人员也可以销售给批发商，由批发商供应书店；出版商还可以安排专员直接与团购的企业和读书俱乐部进行交易；同时，出版商的营销部门里还有国外版权专员，他们可以将本书的翻译版权出售给其他语言的国家；出版商也可以从自己的电子商务网站直接销售给顾客，这样能避免中间商从中提成。

产品能够通过许多方式到达顾客手中。市场驱动型的企业要利用尽可能多的渠道，同时这些渠道既要易于掌控，又要确保不相互冲突。

图 2-2 出版商的渠道

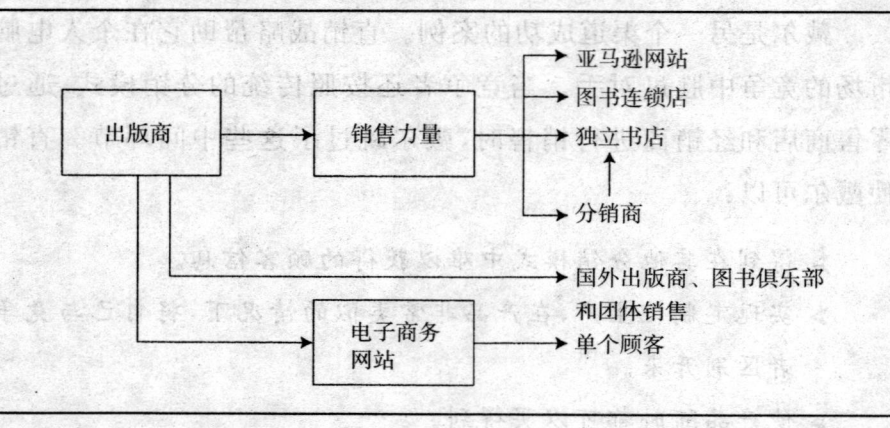

出版商 → 销售力量 → 亚马逊网站
　　　　　　　　　→ 图书连锁店
　　　　　　　　　→ 独立书店
　　　　　　　　　→ 分销商

出版商 → 国外出版商、图书俱乐部和团体销售

出版商 → 电子商务网站 → 单个顾客

在你的企业的营销计划里,采用的是哪种渠道模式?是满足顾客、促进销售和获取利润的最佳渠道,还是仅仅遵循原有、未经调查的蓝图,将产品或服务直接摆在顾客面前?对此,我们应该仔细考虑一下。渠道是必不可少的,对市场营销的业绩有很大的影响。

价格

价格(price)是指买方交换你的产品或服务时所付出的代价。在竞争性环境中,定价是一件紧急而又富有挑战性的工作。如果定价过低,会增加销售量,减少销售收入;如果定价过高,部分用户就会转而投向其他竞争者。价格决策包括价格定位、定价、折扣和付款时间等等。

在自由竞争市场上,定价是大多数交易的关键。当顾客认为商品的价值达到或超过定价,又没有其他选择时,交易就会发生。因此,调整价格可以控制销售量。这一点对产品生命周期具有指导意义。当你的产品被大众认为是新的、独特的,并且没有合适的替代品时,可以采取掠夺性的定价策略,但是当产品进入成熟期,出现替代品和竞争者的时候,就必须迅速调低价格。

　　大致上来说,定价弹性取决于产品或服务的独特性(见图2-3)。因为顾客难以评估独特产品的价值,例如定制的吉他或仿制的1962年的MG运动型汽车。难以对比使评估变得困难。而诸如燃油和电线之类的商品,卖方只有很小的调价余地。如果定价高于通常价格,销售量就会直线下降。如果降价,销售量会立刻上升,但随着竞争者的降价又会恢复到原来的水平——这时,销售商的收入会减少。

图2-3 定价弹性和产品独特性

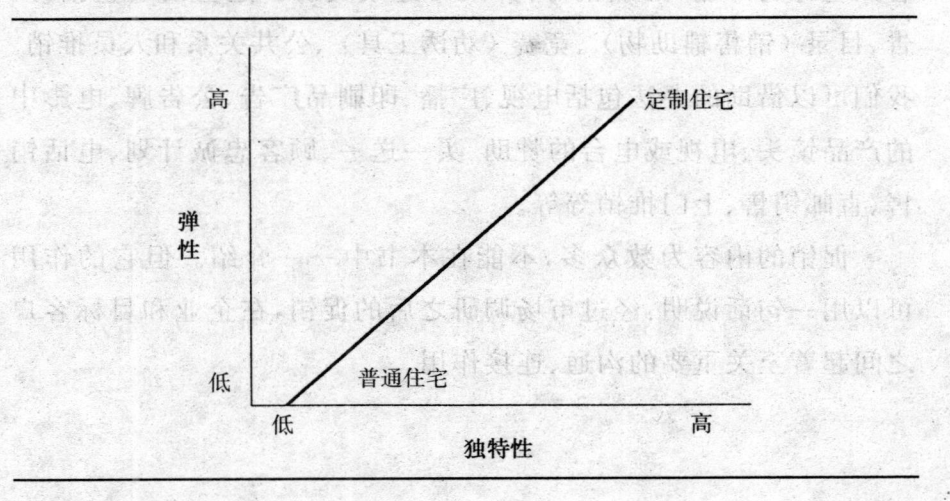

销者百宝箱

同样普通的产品,有些销售商通过赋予它们独特性、高品质或者异国情调,从而成功地维持了高价格。这种方法常常用在化妆品这样的行业上。

无论采用哪种定价方法,定出的价格都是营销组合的重要组成部分,对绩效会产生巨大的影响。以下是常见的定价目标:增加销售量、收入和市场占有率;破坏竞争对手的价格体系;阻止竞争者进入自己的市场。成功的企业在设计新产品时就开始构思产品的定价目标了(注:关于定价的更多细节,详见第9章)。

促销

作为营销组合的第四个部分,促销(promotion)也是最难描述的部分。它通常是指公司所采取的一些沟通活动,目的是让顾客知道你的产品,形成偏好,并最终达成交易。这些活动包括:广告、目录(销售辅助物)、竞赛(劝诱工具)、公共关系和人员推销。我们可以借助的办法包括电视、广播、印刷品广告、公告牌、电影中的产品镜头、电视或电台的赞助、买一送一、顾客忠诚计划、电话销售、直邮销售、上门推销等等。

促销的内容为数众多,不能在本书中一一介绍。但它的作用可以用一句话说明:经过市场调研之后的促销,在企业和目标客户之间起着至关重要的沟通、连接作用。

计划实施的控制

即便你有一个固定的计划、足够的资源和必备的技能,在实施的过程中仍有可能遭遇意外。那是因为生意如人生,很少是按着计划走的。你的企业可能会遭遇以下的意外:

- 顾客需求比市场调研得出的结果要低
- 消费者以非常规的方式来使用你的产品
- 先前隐蔽的竞争对手突然推出新产品
- 广告费用比估计的要高

表2-1 控制你的营销计划

控制类型	谁来负责?	为什么选择这种类型?	怎样控制?
年度计划	中高层管理者	评价计划的目标是否实现	分析销售状况、市场份额、销售成本率
赢利性	营销控制人员	找到企业的赢利点和亏损点	预计由产品、地域、顾客、细分市场、渠道等产生的赢利;预计投资回报
效率	人力资源管理人员 营销控制人员	提升营销费用的利用率和影响力	预计销售力量、广告、促销、分销的效率
战略	高层管理者 营销审计	考察企业是否寻求最好的市场、产品和渠道机会	评价营销效果和企业的社会责任与道德观

资料来源:Harvard ManageMentor on Marketing Essentials,经许可改编。

持续地监督和控制企业的营销活动,能帮助企业对突发事件

作出有效的反应。表2-1列举了四种营销控制的类型,并指出了谁负责控制,为什么选择这种控制类型,怎样实施这些控制方法等。需要注意的是:在"怎样控制?"这一列中,许多条目都是数量标准:销售成本率、各地区产品收入等等。这些标准就像航天器控制面板上的仪表盘,指出你所在的方位,并显示操作执行时的关键参数。

　　根据角色的不同,你可能会对以上的一个或几个活动负责。或者企业的其他人员需要你帮助搜集资料来评估活动。无论参与控制的哪个环节,你都应该感到自豪,因为你对公司营销活动的关键阶段作出了贡献。

小　　结

> 营销计划中应准确地陈述:企业怎样推出新产品,如何扶持现有产品,并且指出销售和促销的时间计划、定价目标和分销活动。计划如何控制和结果如何测量也是计划的一部分。

> 一份营销计划应该是以目标顾客和营销组合为基础制定的,营销组合包括:产品(或服务)、渠道、价格和促销(即4P)。

> 产品是指企业提供给顾客的商品(或服务),既包括有形的部分,也包括无形的部分,比如质量保证。

制订市场营销计划

- ➢ 渠道涉及产品和服务的分销。它可以指一个零售商店、一个全国性的分销网络、一个电子商务网站或者一份直邮目录等等。
- ➢ 价格是买方交换卖方产品或服务时付出的代价。在自由竞争市场上,它可以对顾客购买进行控制。大致上来说,当卖方的产品具有独特性时,他们在定价上就具有很大的弹性;当他们的产品成为大众产品时,在定价上弹性就较小。
- ➢ 促销通常是指采取的一些沟通活动,目的是让顾客知道你的产品,形成偏好,并最终达成交易。

销者百宝箱

营销者百宝箱

3 市场研究

3 市场研究
——倾听和学习

本章要点：

➢ 市场研究的正式方法和非正式方法

➢ 市场研究的过程

➢ 分析顾客偏好的两种方法

你公司的业务运作得很好吗？公司的产品或服务是否流行？如果是，那固然值得称赞，但不要期望这样的好时光会持续很久。顾客的偏好是会变化的。竞争对手会用新的产品将顾客吸引走，顾客也会产生新的需求。

对企业来说，成功开发新的市场机会是长期生存和发展的基础。而寻找这些机会就是靠倾听和学习。倾听和学习是组织的两项基本技能，是成功者和失败者的区别所在。它们也是企业为了解顾客和竞争对手、识别市场机会而必须做的事情。你在本章会看到倾听和学习的多种表现形式。

在过去，倾听和学习是属于市场营销人员的职能，基于正式的市场研究和顾客数据分析。现在我们发现这是个错误，倾听和学习应该是每个人的职责。顾客常常会发出关于需求、偏好、喜好和厌恶的信号，每个人都应该努力去搜集这些信号。正式的市场研究只是其中的一种途径。销售人员每天与顾客打交道，每一次的接触都是倾听和学习的机会。研发人员则需要同领先用户（lead users）进行交谈，他们经常更换产品来满足他们独特的需求。服务代表也能看到顾客的想法、欲望和需求的变化。比其他人更有利的是，服务代表还能够查明顾客的不满所在。

了解顾客和识别市场机会有许多途径，我们会在本章介绍其中部分途径。当然，每一次学习的成果都是不完整的，如何将它们组合成一个整体，是我们面临的巨大挑战。每一次的顾客研究和市场分析就像是一块智力拼图。孤立地看，什么也看不到。只有当你把它们拼在一起的时候，它们才有意义。

正式的市场研究

市场研究（market research）是指对企业外部的相关业务数据进行正式的搜集、分析和整理的过程。用文森特·巴拉巴和杰拉尔德·萨尔特曼（Gerald Zaltman）的话来说，就是"倾听来自市场的声音，将它所反映的信息传达给适当管理层的过程。"[1]从信息中可以得出更好的决策，就像乐购（Tesco）的案例所示（详见"最擅长利用顾客数据的企业：乐购"）。市场研究可以只是简单的一张顾客意见卡，也可以是复杂的全国性抽样调查，无论是哪种，都

销者百宝箱

需要精心构思的问题、随机抽样的技术和对最终数据的统计分析。以下是正式市场研究的六种方法：

> **直接观察。** 观察顾客购买何种商品，怎样购买。特别要注意他们在使用流行的商品和服务中遇到了什么问题。这些问题也许就是市场机会。销售人员是很好的观察研究搭档。（本章在后面会介绍一种独特的观察方法，叫做共鸣设计。）

> **实验。** 生产包装产品的企业会经常性地引入不同大小的新产品，或者不同尺寸的包装。顾客的反应会记录在案，然后对价格或包装尺寸进行调整，顾客随之而变化的反应也会被记录下来。从这个实验中获得的结果有助于在更广泛的市场上作出决策。

> **顾客购买数据的搜集和分析。** 电脑技术和条形码技术使得企业很容易获得顾客行为和偏好的数据。例如，超市利用销售时点系统（POS）能够准确和迅速地确定顾客对不同种类和尺寸软饮料的偏好。ScrubaDub是一家波士顿的汽车清洗连锁商，他们利用条形码对顾客的汽车进行编码，搜集数据来确定服务的偏重和频率，并奖励忠诚的顾客。而像地极公司（Lands' End）这样的直邮企业走得更远，它们挖掘顾客的数据库，确定哪些顾客应该寄发专门的产品目录。

市场研究

> **最擅长利用顾客数据的企业：乐购**
>
> 几乎没有一个企业像乐购这个英国连锁超市巨头一样，使用如此多充满创意和技巧的方法来搜集和利用顾客购买数据。乐购通过顾客忠诚卡采集与顾客需求、现有产品满意度和新的销售机会相关的数据，并将信息输入到世界上最大的网络大众产品服务系统。它的网站上还开始销售非大众产品，诸如书籍、CD、DVD、信用卡、贷款、保险、移动电话和宽带服务。顾客甚至可以用乐购的网站来比较英国的燃气和家用电力的供应商，然后选择成为某一家的用户。这个著名的案例后来被帮助其成功的咨询顾问写进了《得分点》(Scoring Points) 这本书里（详见"参考文献"）。

➢ **调查研究**。调查结果显示出顾客和潜在顾客在一系列问题上的选择：满意度、偏好、对价格的抵触程度、对产品和服务的了解等等。常用的方法是抽样调查（sample survey），这种方法是从统计人口里随机抽取若干有效样本，在一定的限制条件下，用抽样结果来推断总体的人口特征。

➢ **焦点小组**。焦点小组（focus group）是指一组受访者，在训练有素的主持人引导下，讨论某种产品或服务、对某一企业的感觉，甚至是对某一政治事件的态度。主持人会向焦点小组成员提问，例如，"你对油价上涨有何看法？""你认为汽车制造商应该怎样做才能减轻油价上涨带来的负面影响？""哪一家大型的汽车制造商最有可能有效地解决这一问题？"

➢ **与不满和流失的顾客面谈**。没有人喜欢听到坏消息，但你

能从不满和流失的顾客那里了解到更多信息。潜在顾客能告诉你：他们需要什么，但这不能保证当你提供他们所需的产品时，他们就会购买。满意的顾客能告诉你：他们喜欢产品的什么地方，但你也许早就知道他们喜欢什么了。而不满和流失的顾客才能指出：你的产品和服务与其他更好的选择之间有何区别。

你可以从公共资源里获得大量的市场数据：政府公报、人口普查数据、商业杂志、贸易展览、行业报告和网络资源。许多小企业缺乏资金成立单独的研究机构，应该充分利用这些资源（见"市场研究的过程"）。其他的研究资料也可以从研究机构购买。对于某些特定的研究，外部的调研公司可以有偿帮你完成。

分析买方偏好的两种正式方法

在正式的研究过程中，最重要的事情之一就是分析买方偏好。如果你不了解潜在买主的偏好，你就不能有效地进行产品研发和开展营销活动。以前，确定偏好的最好方法是观念测试。而最近，研究人员开始应用一种更为复杂的工具：组合分析（conjoint analysis）。即便你不参与市场研究的工作，你也有可能消费根据市场研究开发的产品。所以，你应该要了解这两种方法。

市场研究

市场研究的过程

市场研究一共有七个步骤。研究人员和研究结果的使用者需要在每一个步骤上通力合作,这七个步骤如下:

1. 清楚地了解你需要市场研究来解决什么问题。如果在这一步上出错,那么剩下的步骤就是浪费时间和精力。
2. 确定所需信息的种类,这些信息将用来解决步骤1识别的问题。
3. 选择最适合的研究工具来搜集所需信息。所需的工具可能不止一个。
4. 根据情况使用你的工具。例如,如果焦点小组是最适合的工具,确定你会邀请哪些人加入,怎样开展调查等等。
5. 在使用研究工具的过程中保持客观和全面。不要为了证明预想的观点而偏向挑选某些所谓"正确"的数据。
6. 客观地分析数据。
7. 将你的研究成果与需要它以及能够让它发挥作用的人交流。

观念测试

观念测试能够体现出潜在买家的真实想法。顾客可以从以下五种反应中作出选择:

➢ 我绝对会购买
➢ 我可能会购买
➢ 我或者买或者不买

销者百宝箱

> 我可能不会购买
> 我绝对不会购买

如果作这项研究的人能够代表目标市场的大多数人,则他们选择的答案能告诉你创意存活的可能性。但如果你想知道的比这更多,像中东餐馆这样的非耐用品,就需要用提问来获得对需求的深入了解。比如,"如果这家餐馆坐落在斯密士威尔(Smithville),你会多久去一次:每周一次?每月一次?还是每隔几个月去一次?"。

许多商品和服务可以用一组特性来描述。例如,一家餐馆的某些特性多多少少与就餐者有着联系:食品质量、菜品丰富性、就餐环境、服务质量、停车的便利程度等等。观念测试能帮助我们了解目标顾客对这些不同特性的评价。当了解这些之后,我们就可以调整这个餐馆创意的设计和实施。这些信息可以通过调查问卷获得(如图 3-1)。

图 3-1 样本问卷

下列餐馆的特性对你的重要程度如何?

	非常重要			不重要
食物质量				
菜品丰富				
就餐环境				
服务质量				
充足的车位				

最后,如果你的产品或服务不是全新的,我们可以假定你的受访者现在支持其他的卖主。这样的做法有助于确定他们目前对竞争者的满意程度。高满意度意味着有些人嘴上说愿意试用你的产品,实际上并不见得会这样做。低满意度则确保那些在测试中说很有可能试用你的产品或服务的人,实际上会这样做。满意度通常只需要用一个简单的问卷来测量,如图3-2。

图3-2　一个测量满意度的简单问卷

你对于所居住区域内餐馆的满意度如何?

非常满意		有些满意		非常不满意

观念测试并非没有缺点。如果受访者对创意的评价是负面的,你也不能确定他们是对整个创意不满,还是对其中某些部分不满。这就使为了更好地满足顾客而重新规划创意变得困难。要想克服这个缺点,可以使用以下这个更加复杂的工具:组合分析。

组合分析

许多产品和服务都是一组特性的复杂混合体。不同顾客一定会对各个特性赋予不同的价值。例如,业余天文爱好者注重的望远镜相关特性包括:

销者百宝箱

➢ 光圈、主镜头或镜片的直径（光圈越大，从暗淡的物体上捕捉光线的能力就越强）

➢ 光学性能（光学系统辨别物体的能力）

➢ 装置的质量（防抖和无瑕疵追踪行星的能力）

➢ 电脑定位系统（它能在多大程度上精确地指出天球相位表中某特定坐标的范围）

➢ 价格

在理想的条件下，望远镜的买主期望在同样的价格下实现各种特性的最优化。他们会购买具备最大光圈、最高光学性能、最坚固耐用和具有最复杂的附加功能的机器，他们也会将望远镜装备成电脑驱动，这样当他们进入系统时，可以看到天体的坐标。

不幸的是，在现实条件下，更大和更好意味着更多的支出，这迫使买主在各种特性之间作出权衡。例如，某一位买主可能会缩减光圈尺寸，以获得最好的光学性能。另一位买主则可能认为强大的附加功能比电脑引导系统更有价值，他可以在以后预算允许的时候再来添置这项功能。

很难想象哪一件复杂的产品或服务——不管是旅馆、风景名胜、数码相机，还是银行、信用卡服务——购买它的顾客不在各种相关的特性上作出权衡。组合分析就是用来预测顾客怎样权衡的统计技术，目的是确定潜在买主最倾向于购买有限的哪几种相关特性组合。市场研究人员认为，组合分析在预测顾客对新产品或服务的接受程度时非常管用。

尽管参与的每一个人都会按自己的方式作答，但组合分析通常可以揭示：哪些特性最有价值，各种特性被期望达到什么程度。实际上，它阐述了参与者在作出选择时使用的价值标准。了解这个价值标准，才能预测买主的选择。

这个工具非常强大，但更多细节不在本书的讨论范围之内。那些细节都被训练有素的市场研究人员所掌握（缺乏研究部门的公司也有许多相关软件可用）。但是，这个方法大致上有以下几个步骤：

1. 选出产品或服务的相关特性。这一步是否正确非常关键。就像在望远镜的例子中，你必须知道哪些特性对顾客来说比较重要。

2. 将不同的特性组合展示给受访者（例如，组合A是为一个家庭准备的，有三间卧室，两间洗手间、一个后院和可容纳两辆车的车库，价值350 000美元；组合B也为一个家庭准备，有两间卧室等等，价值275 000美元）。理想的情况是，这些组合应该比较相似，具有较强的替代性，但又要有足够的区别，使受访者能够分辨和清楚地选择。

3. 让受访者按自己的偏好将各种特性组合划分等级。

4. 将受访者的回答应用于统计分析（通常用专门的软件来分析）。

分析结果说明了各个特性在潜在买主心中的地位。然后你就可以满怀信心地去开发新产品或服务了，它一定会被目标市场所接受。

注：哈佛商学院的罗伯特·多兰（Robert Dolan）教授曾写过一篇很有用且技术性不那么强的文章，里面有关于观念测试和组合分析的操作细节。详见"参考文献"。

销者百宝箱

了解顾客对价格的敏感程度

顾客对价格的敏感程度是市场策划人员应该了解的要素之一。价格的变化常常使得市场机会增加或减少。因此，不管你是打算向顾客提供新的银行业务，还是低糖的快餐食品，或是企图让现有产品获得更大的市场份额，都必须对价格和需求之间的关系有着深刻的了解。

经济学上有一条基本原则是：在自由市场上，如果其他因素不变，当产品或服务的价格下降时，人们会买得更多；价格上升时，则会买得更少。某些产品或服务在价格上比另一些更有弹性，这点很明显，也很容易证实。

图3-3 价格的敏感度

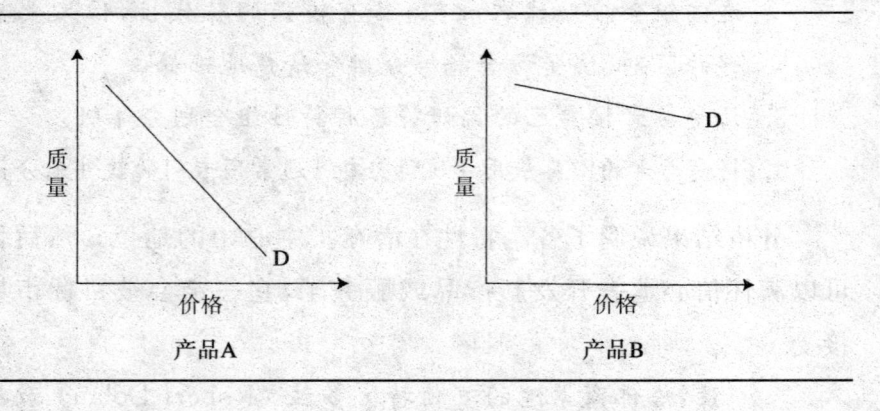

图3-3是两种产品A和B的需求弹性。产品A的需求曲线(D)更陡，说明产品A对价格上涨更加敏感；当价格上涨时，顾客

市场研究

的购买会急剧减少。相对来说,产品 B 对价格上涨的敏感度较低。在价格上涨时,购买量的减少是缓慢的。用经济学的话来说,产品 B 的需求相对缺乏弹性。

某些产品和服务(比如产品 B)价格敏感度被证明是相对较低的——至少在短期之内是这样。以汽油为例,由于原油价格在 2004 年秋飙升至每桶 54 美元,导致美国的油价上涨了 30%,但销售量只下降了 2%~3%。为什么呢?因为美国人有假期出游的固定习惯,油价上涨对需求的影响并不大。但如果这个价位(或涨价)持续较长的一段时间,则消费量就会有明显的下降,因为人们会停止购买耗油的运动型汽车,转乘公共交通工具,并且合伙搭车上班。

OPEC 好像是知道这个长期的作用,宣布原油的价格回到每桶 32~35 美元的范围。尽管石油价格的疯涨让 OPEC 成员国发了笔横财,但它们也知道持续的高价格会促使顾客去寻找石油的替代品,购买、使用其他能源的产品——这对石油制造商的打击将是长期的。

许多产品和服务都像产品 A 一样,对价格变化的反应是迅速和剧烈的,这通常是因为这些产品和服务并不是必需品或者替代品众多。以牛肉为例,当牛肉的价格急剧上升时,需求就迅速下降,有时还是剧烈下降。购物者看到价格会说:"我想我们今晚得吃鸡肉了。"

经济学家用需求价格弹性(price elasticity of demand)这个术语来对价格变动对需求的影响进行量化分析。如果你学过微观经

济学,应该很熟悉这个概念。需求价格弹性的计算公式如下:

价格上涨的比率/需求下降的比率＝需求价格弹性

因此,如果一个公司将产品价格由100美元升至120美元,价格的上涨比率是20%。如果销售量因此由600单位降至550单位,则下降的比率为8.3%。按照上述公式,需求价格弹性为:

$$\frac{20}{8.3}=2.4$$

得出的数字越大,说明顾客对价格的变化越敏感。如果小于1,我们认为它不敏感,大于1则认为敏感。许多常见产品和服务的需求价格弹性可见以下网址:www.mackinac.org/article.asp?ID=1247。

通常你可以从焦点小组、问卷和市场上直接的经历中确定顾客会对价格变化作出怎样的反应。例如,一个在欧盟市场销售的谷类早餐生产商可以在布鲁塞尔(Brussels)的市场上提价,看看销售量有何变化。

战略制定者要想完成这项分析,就应该计算价格变化对总收入的预期影响。当价格上升时,人们的购买量会减少。在上述计算公式的例子中,公司以每单位100美元的价格销售掉600单位,收入为60 000美元。而在每单位120美元时销售量为550单位,总收入66 000美元。需要进一步分析更高的收入是否带来更高的净利润。

正式的需求价格弹性研究通常是为了战略性的市场转移。然而,价格水平和顾客购买行为之间的关系是市场策划人员必须了解的几大重要课题之一。

你对市场上顾客的价格敏感度有多少了解呢？这些了解怎样指导你的战略选择呢？

非正式研究方法：与顾客密切联系

只要小心地按照研究过程的步骤执行，并且不带个人偏好，传统的市场研究方法能够得出有用的结果。但是这种人证法还谈不上客观，也了解不到顾客真正的想法和感觉，也就不能得出关于产品或服务的最佳创意。市场研究大师文森特·巴拉巴说道：

> 在实验设计、取样过程、问卷设计和控制以及数据搜集的过程中，人证法都有意地弱化了个人偏好。但不幸的是，人证法也同样剔除了想象力、创造力和个人观点——而这些正是创新性产品和服务的构思来源。[2]

为了避免这些有益的方面被剔除掉，有些公司改用一些非传统的市场研究方法，包括领先用户调查、共鸣设计和沉浸其中。

领先用户调查

领先用户是指那些需求超前于市场趋势的公司和个人，他们是创新理念的重要来源。他们可能是放射线学者，正在寻找制作和解释扫描图像的更好方法；可能是战斗机驾驶员、专业运动员；或者是

发现了改进设备功效方法的工程师。领先用户的共同点是：独特的需求促使他们创新，这种创新通常发生在制造商构思出来之前。

　　领先用户对于将他们的创意和实践进行商业应用不感兴趣。他们是为了自己而创新，因为当前的产品或服务不能满足他们的需求。他们的创新通常能够被大众所接受，只是要等到几个月或几年以后，大众才会认识到这些需求。

　　准时制生产理论的专家埃里克·冯·希佩尔（Eric von Hippel）首先将领先用户作为创新思想的一个来源开始研究。在他的某些研究领域——特别是实验设备、半导体和计算机——半数以上的创意都来自于领先用户，而不是生产工人。因此，接近这些领先用户，研究他们独特的产品使用和改进方法，能够获得对产品和服务有价值的见解（见"从领先用户处获得创意的四个步骤"）。例如，冯·希佩尔认为汽车制动系统的制造者也许应该挑选一些特殊用户来研究，他们对有效制动的要求高于普通用户。他们也许是一个赛车团队，也可能是飞行器或者重型卡车的制造商。

共鸣设计

　　市场研究人员和他们的公司常面临这样的问题，即目标顾客不能认识到或者不能清楚地说明他们未来的需求。1995年，你能够想象MP3这种产品吗？你在1990年能告诉市场研究人员你想要油电混合动力发动机的汽车吗？

　　因为大多数人都不能预知科技的发展趋势，他们只能从现有熟悉的产品和服务上识别需求。他们提出的需求也是在现有产品或服务的改进上：更薄的笔记本电脑、更省油的汽车、更优质的电视屏幕、更快的邮递服务。共鸣设计是一项识别这些未被认识到的需求的技术。

共鸣设计（empathetic design）是指研究者观察人们在各自的环境中怎样使用现有的产品和服务。哈雷-戴维森（Harley-Davidson）公司使用了这项技术。它将工程师、市场营销人员，甚至社会人类学家加入到哈雷用户组织中，由这个组织来观察哈雷用户怎样个性化地使用他们的机车，遇到哪些问题等等。这些观察结果成为哈雷营销和设计新产品时的原始材料。

从领先用户处获得创意的四个步骤

一篇由埃里克·冯·希佩尔、斯蒂芬·汤克（Stefan Thomke）和玛丽·宋内克（Mary Sonnack）联名发表的文章描述了在 3M 公司里，一些部门从领先用户那里获得创意的四个步骤。这些步骤对你可能也有帮助。

1. **识别现状。**识别目标市场，认清组织的大股东要求的创新类型和水平。
2. **确定趋势。**与各个领域的专家谈谈，看看他们观察到的重要趋势是什么？这些专家应该对他们所研究领域的前卫技术及其应用有深刻的了解。
3. **识别领先用户，搜集信息。**利用网络从较为前卫的目标市场及相关市场中识别领先用户。与领先用户进行沟通，搜集对突破性产品创意有价值的信息。结合你的知识，形成初步产品创意，评估其商业潜在价值。

销者百宝箱

> 4. **改进你的创意。** 这个阶段的目标是将初步的创意进行完善。组成一个主要由内部的营销人员、技术工人构成,并加入少量领先用户的工作团队,对领先用户进行观察。分成小组工作,然后共同设计最终方案。

资料来源:改编自 Eric Von Hippel, Stefan Thomke and Mary Sonnack, "Creating Breakthroughs at 3M", *Harvard Business Review*, 1999(9月-10月),47-57。

一家日本的消费电子公司也使用同样的策略,它让一位年轻的工程师与一个美国家庭共同生活六个月。这位工程师的任务就是观察美国家庭的成员怎样做饭,怎样与朋友沟通,怎样放松自己。这些观察结果后来被用到新的消费电子产品的研发中。

有些公司很重视这种方法。IDEO——一家领先的设计公司,以对人类学家的研究为基础。以丰富的新产品著称的宝洁公司也是一样。它先让所有新加入的研发人员学会"产品研究",即观察宝洁的顾客每日怎样使用他们的产品,目的是使有丰富的技术和研发知识的员工能直接融入到潜在顾客的感知世界中去。

多萝西·伦纳德(Dorothy Leonard)和杰弗里·瑞波特(Jeffrey Rayport)将共鸣设计概括为五个步骤:[3]

1. **观察。** 如上文所述,公司代表观察人们在家里和上班时使用产品的情况。这一步的关键问题是:应该观察谁,应该由谁来做这项观察工作?

2. **搜集数据。** 观察者应该将人们在做什么、为什么做、遇到什么问题等记录下来。可以利用相片、视频和图画来搜集数据,因为许多数据都不是直观和量化的。
3. **思考和分析**。到这一步时,观察者回到工作地,与同事分享经历。思考和分析也许会让观察者觉得应该进行更多的观察。
4. **头脑风暴**。这一步是从思考和分析的结果得出可能的解决方案。
5. **形成解决方案原型**。这些方案原型清楚地说明了新的创意,并能够影响其他人,同时能引出潜在顾客的反应和评价。潜在顾客是否被方案所吸引?他们还有什么更好的建议?

可以想象,当你开发消费类产品的海外市场时,共鸣设计是很重要的办法。其他国家的人对产品的尺寸、颜色和使用习惯上的偏好可能会与本地市场有很大的不同。

沉浸其中

帕特里克·巴维斯(Patrick Barwise)和肖恩·米汉(Seán Meehan)在他们的著作《只需更好》(*Simply Better*)中,引用间谍小说作家约翰·勒·卡雷(John le Carré)的话——"书桌上看世界,因片面而危险"——来提醒管理人员走出办公室,沉浸到顾客和竞争者的氛围中去。但仅仅走出办公室是不够的。作者引用一项研究指出:高绩效公司和低绩效公司的CEO们花了差不多同样的时间与客户打交道(分别为18%和15%),但是他们在时间的分

配、使用上有着本质的区别。

　　在低绩效公司里,CEO们将大量的时间花在同顾客一起参与文化和体育活动上。娱乐也许能巩固客户关系,但不能得到有用的顾客反馈。而高绩效公司的CEO们对社会活动不感兴趣,他们认真地思考业务,想知道公司是否如它的承诺和顾客的期望般运转。他们也不断地向顾客询问:如何才能做得更好。[4]

　　关键人物能够沉浸到氛围中十分重要,高级决策者更是如此。原因很简单,他们能让组织作出反应。管理者不喜欢被告知:"你们的产品与另一家相比又贵又差。"他们也不喜欢听到:"我花了一个多小时才在你们的客户服务中心里找到人交谈。"他们在处理这些状况时非常尴尬。如果一个销售代表报告了上述评论,管理者也许不予理睬:"那听起来像是为了不被解雇所编的借口。"或者将销售代表的报告编入一个投诉档案,但拖上好几个月也不去处理——如果可以的话。

　　沉浸其中的管理者应该对顾客的不满特别警觉——不仅是关于某种具体产品和服务的,还有关于产品大类的。"这类产品都太重、太贵、难用、不能调节等等"。对产品大类的不满是市场机会的重要指示。更多细节详见"让你的员工关注外界的小技巧"。

　　注:市场研究的重要目标之一是确定顾客关注的价值。他们想要什么样的产品?他们想要产品如何送达?他们愿意为寻求的产品支付什么价格?如果你和你的同事需要"思考

工具"来解答这些问题,请见附录部分的"计算顾客价值"表。

让你的员工关注外界的小技巧

尽管市场营销对寻找市场机会要负正式责任,但在市场导向的公司里,每一个人都应该关注外界的环境。经过不同训练和有着不同经历的人能够捕捉到其他人——例如营销专家——可能会错过的东西。以下是一些让你的员工对顾客、竞争者和环境变化保持关注的方法:

- 让技术工人参与科学会议、技术会议和客户会议。
- 将技术工人分成小组,给他们一份兼职的活,即浏览文献和行业新闻,找出公司业务的威胁或发展机会。
- 定期在客户呼叫中心坐班。
- 举办非正式的宴会,邀请其他方面的专家学者来谈论新趋势和新发展。
- 让非销售经理的管理人员与区域代表一起受理顾客电话。他们能获得比从研究报告里更多的顾客和竞争者信息。

我们已经说明了了解顾客和寻找市场机会的两种常用方法:正式和非正式的与顾客密切联系的方法。哪种方法更好?事实上,哪种更好并不是关键所在,在它们之间选择其中一种也不是解决的办法。有经验的营销人员都知道:两种方法必须同时使用,因为每种方法都有其不可或缺的元素。管理者可以读到大量的市场报告,但如果他们还能对顾客的需求有深入和设身处地的了解,就能作出更好的决策来。

小　结

- 市场研究是一个倾听和学习的过程，目的是作出更好的决策。
- 正式的市场研究包括直接观察、实验、顾客购买数据的搜集和分析、调查研究、焦点小组以及不满和流失的顾客面谈这六种方法。
- 观念测试和组合分析是分析买方偏好的两种正式方法。
- 需求价格弹性将价格变化对需求的影响量化。营销人员需要了解价格对需求的影响大小。
- 领先用户是指那些需求超前于市场趋势的公司和个人。通过对他们的观察，营销人员可以形成产品和服务的新创意。
- 共鸣设计使营销人员有机会了解人们是怎样使用产品和服务的。
- 与从报告中了解情况相比，决策者亲自听取顾客的需求和投诉更有可能作出回应。

营销者百宝箱

4 市场的定制化

销者百宝箱

4 市场的定制化
——市场细分、目标市场选择与市场定位

本章要点：

➢ 通过市场细分获得关注

➢ 多因素、相关和有效的市场细分的基本知识

➢ 选择正确的细分市场

➢ 在顾客心目中形成产品或服务的定位

在20世纪早期，欧洲和北美工业国家的制造商们面临的情况是：对产品无差别的高需求和相对较少的竞争者。对许多产品大类来说，市场是巨大的。制造商生产高度标准化的产品来满足市场需求。也许最经典的例子是福特（Ford）公司的T型汽车，同样的车型生产了上百万辆，来满足那个为车疯狂的社会。亨利·福特最著名的一句话是：顾客可以买到他们想要的任何颜色的T型车——只要他们想要的是黑色。

更激烈的竞争和更多需求的顾客出现，使得许多产品大类的大规模营销时代结束。制造商不得不实现产品的差异化，以此来适应较小一些顾客群体或细分市场的独特需求。20世纪20年代末，福特的标准黑色T型车

市场的定制化

敌不过通用为不同人群定制的不同车型——切诺基（Chevrolet）面向低收入阶层用户，凯迪拉克（Cadillac）则面向高收入阶层用户。

大规模市场营销的失效几乎影响到每一个行业。如果你需要证据，请看看你所在地超市的宠物食品。尽管宠物食品制造商曾经只提供一种产品——固体猫粮，但现在它们却提供许多种类。你可以选择专门的配方——给幼年猫、成年猫、老年猫、肥猫、肠胃有问题的猫和得肾病的猫的专用猫粮。仅仅是罐装猫食，每个制造商现在都至少提供10种口味。

大规模市场营销不再可行的结果是：每个公司都在试图识别细分市场上的独特需求和顾客偏好。这条战略在逻辑上的最终结果是：大多数行业都会达不到生产预期，公司会为每一个顾客单独设计和制造产品和服务。

你会发现大多数公司的实际操作介于大规模生产和"一个人就是一个市场"之间。例如，戴尔会根据你的要求定制计算机，但也只是从相对丰富的配件和软件中选择。Peachtree的财务软件有制造商版本、零售商版本和非赢利组织版本。汽车制造商允许你定制新车的颜色和偏好的组件（有限的范围内），同时，他们正向着一个目标努力，即某一天你在网络上就能完成这一切，并且在几周之后收到你的新车。

对于制造商而言，定制能力说明了弹性制造和标准产品设计的先进程度，发展方向则是大规模定制（mass customization），这种生产方法利用上述的先进工艺生产商品和服务来满足特殊顾客

的需求。约瑟夫·派恩二世（B. Joseph Pine Ⅱ）在他的划时代著作里描述道：大规模定制是以大规模制造的价格生产个体化、定制化的产品或服务。[1]事实上，真正为每个人量身定作的生产者（如私人健美教练、手工制衣的裁缝、与你合作建设电子商务网站并满足你独特要求的咨询顾问等）并不多。

从大众市场到"一个人就是一个市场"的变化需要公司对市场细分、选择目标市场和市场定位进行深刻的思考，这些工具也会在本章中加以具体描述。

市场细分

市场细分（segmentation）是根据可识别的市场变量，例如收入、年龄、个人爱好、种族、特殊需求等等，将整体市场划分为若干个消费者群的市场分类过程。细分的关键是将整体市场分成若干个细分市场，每一个细分市场都是由具有类似需求的消费者构成的群体。识别这些细分市场使得以下两件事成为可能：（1）生产的商品和服务能更好地满足特殊顾客的需求；（2）更有效地聚集营销资源。

市场细分的一个具体案例是：你可能会收到某退休规划公司发来的信，邀请你参加某研讨会，而这家公司你却从未听说过。你被列入受邀人的行列是因为数据库确定你拥有以下的一个或多个特征：

➢ 你有一定的资产（可以从税单看出）

> 你到了该考虑退休的年龄
> 你居住的地方离本次研讨会的举办地不远

这些特征使你成为退休规划者的细分市场客户,他们相信邀请信中的宣传("让我们的专家来帮助你规划未来!")有机会获得你和与你类似的人的回应。很明显,他们将营销资源都投入到了那些对产品有兴趣并有钱购买的人身上。

从概念上讲,市场细分不难。但在真正进行搜寻和挑选时,却并不容易。表4-1介绍了几种细分市场的方法。按人口特征、行为偏好、社团或工作职位来细分通常是最有效的。尽管人们自己可能没有按照这三类标准对自己进行分类,但营销人员能够从这些分类中分析他们的需求、倾向和消费能力。

表4-1 市场细分

人口统计	行为或兴趣	社团或工作职位
年龄	高尔夫球爱好者	军人
性别	嗜酒者	教师
收入	宠物拥有者	党员
种族	新近购房者	农场主

多因素的市场细分

单因素分类,例如"打高尔夫球的人"或"家庭用品的购买者"给营销人员的信息不足以了解顾客及其偏好,大量复杂的特征被掩盖了。比方说,打高尔夫球的人,是男性还是女性,是16岁、年

收入800美元,还是56岁、年收入180 000美元。因此,营销人员必须用其他的因素将高尔夫球的消费群体细分,寻找具有商业机会的细分市场。

图4-1将高尔夫球的消费群体根据以下三个因素进行了细分:年收入、性别和年龄。依据业务特性和先前对高尔夫球消费群体的研究,可以确定具有以下两个特征——50～70岁、年收入超过50 000美元——的群体是运动服装公司最感兴趣的市场。

图4-1 高尔夫球消费群体的多因素细分

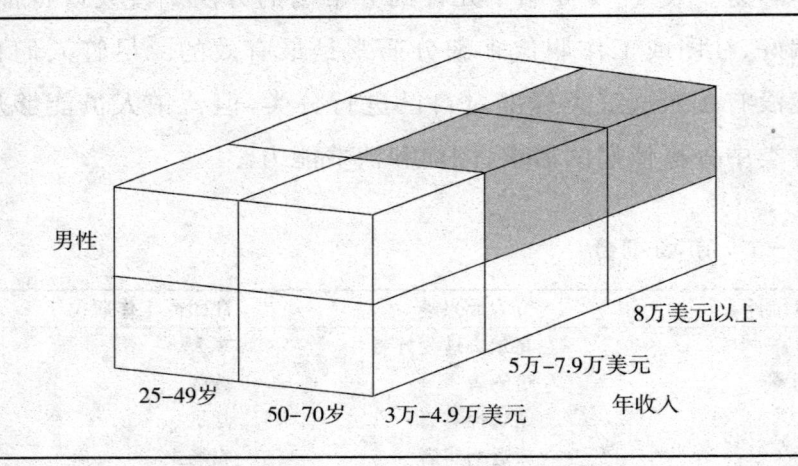

初步研究可能证实:这个细分市场是男式高尔夫球服装的最大消费群体。这会激励营销人员对这个市场作进一步的研究。运动服装公司可能会使用焦点小组的方法确定:什么样的服装会吸引这个年纪和收入的男性高尔夫球消费者。事实上,除了这两个因素,还有许多信息需要了解,比如他们的购买力、产品或服务偏好以及他们实现潜在目标的市场吸引力。

市场的定制化

相关和有效的市场细分

一旦你了解了市场细分,就能更好地利用资源。但并不是所有的市场都是相关的。比方说,如果生产荧光灯泡,用性别、收入、受教育程度、政治面貌或其他特征来细分市场是没有意义的。这些特征与购买、使用灯泡不相关。办公使用和家庭使用也许是更加相关的市场细分方法。

除了相关性,还有有效性。菲利普·科特勒(Philip Kotler)认为:有效的市场细分必须满足以下条件。[2]

> 可衡量性。你需要了解市场的规模、关键特征、购买力和偏好。
> 可赢利性。细分市场的规模必须大到足以使你有利可图。
> 可进入性。如果不能进入细分市场,那么市场细分也就没有意义了。
> 反应差异性。细分的市场对不同的营销组合应该有不同的反应。科特勒列举了已婚和未婚的女性对香水的反应。如果反应没有差别,就不是有效的市场细分。
> 可行性。你必须有切实可行和有效的方法来吸引和服务目标市场的顾客。

细分组织市场

为组织市场服务的公司同样要细分市场。一些公司能够容易

地识别相关和有效的细分市场。例如，大银行的营销部门把目光盯上了中小型企业的所有者和管理者，因为能向他们提供信托、现金管理、退休规划、金融贷款等服务。现实中，银行确实是围绕着向这些顾客提供更便捷的服务来运作的。

如前文所述，市场细分使你能够更好地满足某个顾客群的特殊需求。这是件好事。但要记住，一旦聚焦于某个狭窄的细分市场，你的产品所能满足的顾客数量必定会减少。你要牢记这条商业法则。

目标市场选择

一旦了解了人口特征、购买行为和不同细分市场的潜在赢利水平之后，你就要选择最有潜力的市场了。那么选择目标市场的基本原则是什么？以下列举了其中的一部分。

细分市场的顾客数量和消费潜力。考虑到营销费用和销售目标，细分市场应该有足够的顾客和购买力。理想的情况是，细分市场的顾客是产品的主要用户。如果这个细分市场的潜在顾客数量还在增长就更好了。

接触细分市场顾客的能力和费用。如果细分市场的顾客难以接触或者接触的费用难以接受，这个市场就没有吸引力。私人高尔夫球俱乐部的会员是投资管理公司理想的细分市场，因为这些人通常拥有投资的资本并且可以任意支配。但与他们接触是非常困难的,因为俱乐部会保护会员的隐私。类似的,一家商业书籍出版商指出:《华尔街日报》(Wall Street Journal)的读者就是理想的目标市场。然而,相对于实际反应和销售收入来说,《华尔街日报》的广告费用太高,说明至少从广告上来看,这个市场没有吸引力。

细分市场上现有竞争的激烈程度。 后进入的公司通常会发现:市场上最赢利的资源已经被竞争对手所掌握,部分竞争者对资源的防护还做得很好。

竞争对手产品的顾客满意水平。 即便细分市场上充满了竞争对手,研究也许会发现:顾客并不满足于现有产品,并欢迎其他品牌进入。如果顾客满意度较高,进入这个市场就要三思了,企业面临的极有可能是消极的反应。

增长预期。 细分市场的规模和购买力预期是增长,还是停滞不前?你除了要考虑现状,还得考虑趋势。例如,2005年早期,美国拥有混合引擎汽车的人数仅为400 000——以行业标准来看数量偏小。但预期在未来几年里数量会迅速增长。任何企图在这个市场上开展营销活动的企业——即便只是针对零件或售后服务——都想知道增长的规模。

潜在赢利性。 这是企业在细分市场上的赢利底限。企业必须估计潜在收入和净支出。选择一个细分市场,它的潜在收入应该至少同未进入时的收入相当。

进入障碍。 你和其他新的竞争者进入某一细分市场的障碍是什么?很明显,如果进入障碍低,就很难阻止其他有机会的公司进

入市场,这将压低利润率。

在选择目标市场时,需要考虑众多因素,小心从事。市场细分使公司能够集中有限的营销资源,比大规模营销更加深刻地了解顾客。对于组织市场的卖方来说,大规模营销是完全行不通的,他们必须选择目标市场。

当然,市场细分的不足之处就在于:限制了能够了解你的产品或服务的潜在顾客数量。它将你的未来绑在了某个特定群体的财富上。这个市场的增长可能会减缓,而你的销售增长也随之减缓。顾客偏好也可能会剧烈变化,使你的公司面临损失。所以请在细分市场时慎重考虑。如果你正在考虑为某些特殊的个体服务,可参考"市场高度细分是下一个大趋势?"

市场高度细分是下一个大趋势?

人们期望某一天企业都能一对一地为顾客提供服务,而随着数据库越来越强大,这一天似乎已经不远。计算机能够从个体捕捉到大量的购买信息,通过分析就能了解他们的购买方式和偏好,之后在市场微分战略的指导下,就能以个体为单位进行销售。有些企业已经准备好这样做。例如四季酒店等连锁旅馆,密切地关注顾客偏好:他们早餐喜欢哪种咖啡,早上喜欢读哪种报纸等等。

然而,微分市场营销到来的日子仍然是那么遥遥无期。原因之一可能是:人们不想同没有感情、只为销售产品的公司保持密切关系。例如,消费者就抱怨 Big Brother 搜集他们的信息并利用信息来向他们推销产品和服务。

市 场 定 位

　　一旦完成了市场细分和选择目标市场的相关工作之后,你就必须为你的产品和产品线制订计划。在第二章我们说过,一份市场营销计划要为 4P(即产品、价格、渠道和促销)分别制订计划。营销计划的目标就是:在潜在顾客的心目中形成产品或服务的定位。

　　定位(positioning)试图控制潜在顾客看待产品和服务的态度。(这也是差异化的一个方面,我们会在后面详细说明。)比方说,沃尔沃(Volvo)对它的汽车定位是耐用和安全。苹果的定位是优雅的设计和友好的界面。先锋集团(Vanguard Group)对共同基金的定位是以最低的交易费用良好地管理基金。市场定位的目标是:强调产品或服务的一两个特质,在顾客的心目中塑造突出的形象。当市场定位以标语的形式出现并使顾客难以忘记时,营销人员仿佛置身于天堂。看看以下的标语:

　　味道好极了!

　　对您的健康有益。

　　迅速缓解症状。

　　物超所值。

　　值得您信赖。

　　安全而有效。

销者百宝箱

基业常青。

专为年轻人头发设计。

唾手可得的艺术化设计。

耐力持久。

有些定位标语在大众的心目中萦绕几十年都不会消失。例如，天顶广播（Zenith Radio）1927年的标语"声誉建立在质量的基础上"，天美时（Timex）著名的标语"历经磨难，仍然准确无误"，象牙（Ivory）香皂的"99和44/100％纯粹"，桂格燕麦片（Quaker Oatmeal）的"您正确的选择"。如果你能把其中一条列入辞典，它也许还会再被人牢记几十年。

市场定位应该是在进行市场调研和大量的思考之后作出的决策。尽量首次定位便成功，因为重新定位的费用高昂，而且还会在顾客的心目中造成混乱。一旦明确了定位，你就要调动营销资源来实现目标，往顾客的心目中灌输和强化你的定位。

需要提醒的是：试图将你的产品定位灌输到已经被占领的心理空间去，通常会以失败告终。阿尔·里斯（Al Ries）和杰克·特劳特（Jack Trout）在他们所著的一本关于定位的书中，将上述法则称作"市场中的排他法则"，他们写道："当竞争对手的标语或者定位深入人心时，企图再用同样的定位是没有用的。"[3]因此，没有人可以替代沃尔沃汽车在大众心目中"安全"的形象，或者是金霸王（Duracell）电池"耐力持久"的形象。里斯和特劳特的忠告假定：大众对一类产品或服务只能保持单一的记忆。简单地说，就是只有一个品牌能代表一类事物。当然，这只是广告人关于买方行

市场的定制化

为的观点,还没有上升为得到证实的法则。

想想你的产品或服务是如何定位的——如果有定位的话。你是否找到一个词或一句话,将你的产品或服务牢牢植入顾客的心目中,给他们留下正面和有吸引力的形象?你是不是正在试图抢夺竞争对手已经占领的心理定位空间,但却以失败而告终?

市场细分、选择目标市场和市场定位——这三种营销工具通常一起使用。但是要小心,不要太依赖它们。细分市场和选择目标市场使你的市场变得狭窄,限制了潜在的销售量。市场定位假定顾客只对某个定位下的一种事物感兴趣,但事实不一定如此。如果真的关注顾客,你有时会发现市场细分并不合适或者市场定位反而弄巧成拙。所以对这些概念应该有全面的认识。

小　　结

> 市场细分的目的是将整体市场划分为若干由类似需求的顾客组成的细分市场。成功的细分使公司能够集中资源,生产出更能满足顾客需求的产品或服务。

> 人口特征、行为、偏好、社团或工作职位是常见的细分变量。

> 许多情况下需要使用多因素市场细分——比方说,不仅是房东,而且是高收入的女性房东。

> 当市场被细分为相关的细分市场后,你必须要识别潜在利

· 81 ·

销者百宝箱

益最大的细分市场。潜在总支出、接近的难易程度、市场上竞争的激烈程度是选择目标市场时需要考虑的几个因素。

➢ 市场定位试图控制潜在顾客看待产品和服务的态度。例如,桂格燕麦片的"您正确的选择"将自己定位为谷类早餐中最聪明和健康的选择。

营销者百宝箱

5 竞争者分析

销者百宝箱

5 竞争者分析
——了解你的对手

本章要点：

➤识别竞争者

➤评价竞争者

➤理解决定市场吸引力的五种力量

正如沃顿学院教授乔治·戴（George Day）曾经指出的那样："在规划竞争战略时，经理们所面对的一个主要问题是：确定竞争者的范围。你在什么市场上竞争？谁是你的竞争者？这个竞争领域的吸引力如何？"[1]所有有效的营销计划都不可能完全离开对竞争者和竞争领域的深入分析。

你一定知道你的竞争者是谁。它们是销售人员每天角逐的对象。它们是打算偷走你的最佳顾客的公司。是的，你知道它们是谁，但是你对它们的了解有多少呢——它们的优势和劣势？有一些对手已经准备好，并且有能力在你侵入它们的细分市场时向你猛扑，使其他竞争者的行动显得迟缓或者无效。你意识到新兴的竞争领域了吗？你了解未来几个月或几年将会出现的竞争对手吗？

竞争者分析

有些竞争领域是相对静止的，特别是在成熟、资本密集的行业中。20世纪70年代之前的钢铁行业就可以称为是静止的。一些大规模的竞争者在市场里努力着，各自都在试图降低单位生产成本，从竞争对手手中抢夺更大的市场份额。这种情况在国外生产者出现和小规模钢铁企业猛增时发生了剧烈的变化。

其他行业的动态性则要高得多。娱乐业是个很好的例子。50年前，美国人只有寥寥几种有限的娱乐方式可以选择：三四个网络电视台、一个公共电视台、一两个本地电视台，再加上电影院和现场表演。现在，电视观众们仍然可以看网络频道，但是他们还可以接入几百个有线电视频道；电影院还在营业，但是通过家庭录像、DVD、光缆和计次付费频道，你可以欣赏成千上万部电影。在以上这些娱乐方式中，很多都容易受到其他替代品的攻击，因此商家都会思考："什么样的战略能够帮助我们在这个动态的市场中开拓一小片能够赢利的领域呢？以后会出现什么情况，可能致使我们的产品遭到淘汰？"

一个动态市场具有以下特点：

- 大量针对相似需要的产品或服务（例如，固定电话、移动电话、网络电话服务、即时信息、电子邮件）
- 各种各样的竞争者（例如，电视网络、有线电视公司、影碟出租商店、现场表演）
- 进入障碍小
- 市场分散

你对自己想要服务的市场竞争状况了解多少？没有哪项研究能比

销者百宝箱

上述了解对企业战略作出更大的贡献。本章内容将帮助你评价竞争。

你的竞争对手是谁？

竞争分析的起点是识别竞争者。它们是谁？如果这个问题看起来很简单，请记住你真正的竞争者——能够摧毁业务的那些公司——它并不一定是你每日与之竞争的少数几个现有公司，可能来自一个预想不到的地方。

如果你对此表示怀疑，那就思考一下20年前的摄影成像业务。照相机制造商，如美能达（Minolta）、佳能（Canon）、奥林巴斯（Olympus）和尼康（Nikon），正忙着彼此争夺各个摄影细分市场。在照片原材料方面，行业巨人柯达（Kodak）和富士（Fuji）正为了胶片、相纸和冲印服务的销售争得不可开交。所有竞争者都非常了解其竞争的领域。

索尼（Sony）在20世纪80年代早期加入了进来。作为一个消费电子公司，索尼的收音机、电视机、磁带随身听和在微电子领域的核心竞争力都更为人们所熟知。它发布了第一款基于数字成像的消费照相机。而20年后，数码相机已经颠覆了这个行业的竞争格局。如惠普、捷威（Gateway）和卡西欧（Casio）之类的新进入者——跟索尼一样的电子公司，开始积极地参与到这个市场的竞争中来，而这个市场以前是被那些熟悉光学和光敏涂层胶卷的企业主导的。我们举这个例子的意义是告诉大家：当你思考竞争

竞争者分析

者的时候,必须意识到你的竞争者既有现有的,也有潜在的。

怎样识别企业主要的潜在竞争者和现有竞争者呢?这里有个单凭经验的简单方法:竞争者是试图与你满足同样的顾客需要的任何公司。这意味着你必须考虑那些提供你的产品或服务的替代品的公司。例如,假设你出售文字处理软件,你的顾客需要的不是软件,而是方便快捷地创建文本文件的能力。这种需要可以通过很多不同的方式得到满足:铅笔、钢笔、打字机、电脑和任何能够想到的其他书写工具。因此,公司实际上拥有的竞争者要比你想象的多。

类似地,一个影印机制造商的目标是满足复制文本的需要。但是提供文本复制服务的企业,如金考公司(Kinkos)或者沿街的独立影印店,都同样能满足这种需要。这些服务公司就像其他影印机制造商一样,也是你的竞争者。

当你列举你的竞争者的时候,可以考虑下面这些因素:

- ➤ 跟你提供类似产品的其他公司
- ➤ 提供替代品的公司
- ➤ 顾客比较和转换供应商的难易程度
- ➤ 你的供应商提高价格或减少供应量的能力

需要分析的特性

一旦你识别出了潜在竞争者和现有竞争者,就要根据它们占据市场的能力对其进行分析。

战略和目标

你的竞争者可能遵循不同的战略,追求不同的目标。请思考下面的例子:

公司 A——一个投资管理公司,其战略是为附加价值高的顾客提供全系列的服务:理财计划、退休计划、税务计划和办理、保险和投资组合管理。它的目的是:与一批数量少但是富有的顾客建立长期的委托关系。另一方面,竞争对手公司 B 是交易导向的,其目的是成为类似服务的低成本提供者,但是它所面对的是一个更广阔的市场。它的战略基于以不到 200 美元的价格大量销售计算机生成的财务计划。

目标同样需要考虑。你的竞争者追求什么样的目标?是利润最大化,还是主导的市场份额?是否有竞争者试图突破其现有的细分市场,而进入到其他细分市场?如果这些目标与你的目标有很大不同,就没有必要过分担心它们——你的公司可能已经有效地进行了市场细分。但是如果竞争者的目标使它们与你赤膊相见,你就必须作好应对激烈竞争的准备——找出使你的产品或服务差异化的方式,或者转移到另一个细分市场。

定位

通常情况下,同一市场的竞争者在市场细分和顾客感知上定

竞争者分析

位都会不同。图 5-1 是男士手表市场的定位图。它大致说明了市场领导品牌是如何在两个维度上（运动 VS 时尚、高级精确 VS 价格）定位自己的可承受性。

为你所在的行业创建一幅类似的定位图，能够让你更好地理解竞争状况，还能显现出每个公司将它们的产品开发和营销努力集中在什么方面。为了保证测量的效果，让你的同事重复同样的过程，然后比较一下结果。

图 5-1 男士手表竞争者的定位

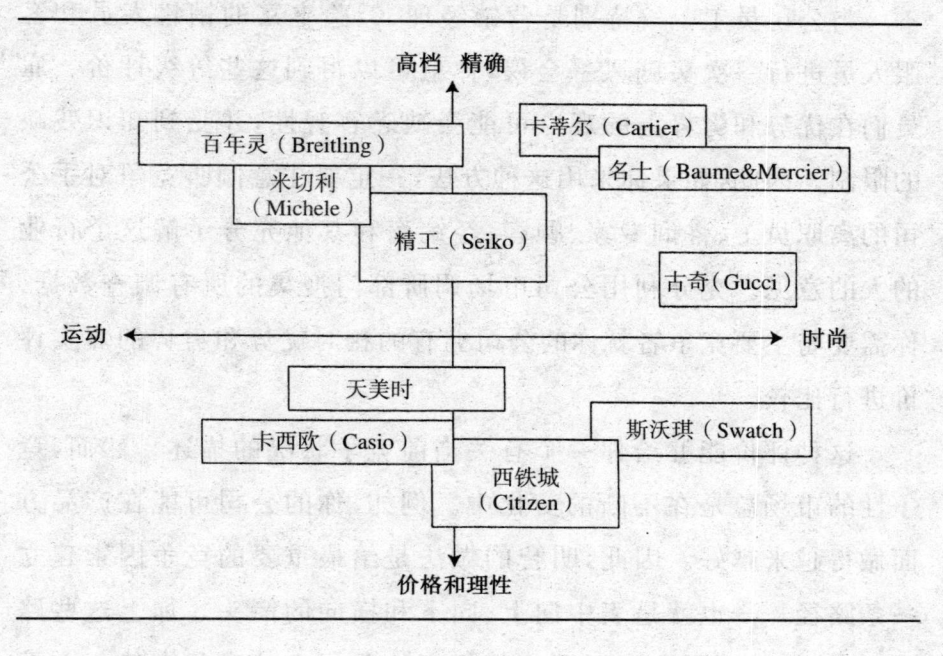

```
                        高档  精确
                          ↑
    ┌──────────────┐      │      ┌──────────────────┐
    │百年灵(Breitling)│      │      │ 卡蒂尔（Cartier）│
    └──────────────┘      │      ├──────────────────┤
        ┌──────────┐      │      │名士(Baume&Mercier)│
        │ 米切利    │      │      └──────────────────┘
        │(Michele) │      │
        └──────────┘  ┌───┴────┐
                      │精工(Seiko)│
                      └────────┘    ┌──────────┐
                          │         │古奇(Gucci)│
                          │         └──────────┘
   运动 ←──────────────────┼──────────────────→ 时尚
                          │
                   ┌──────────┐
                   │  天美时   │
                   └──────────┘
            ┌──────────────┐    ┌────────────────┐
            │ 卡西欧(Casio) │    │斯沃琪（Swatch）│
            └──────────────┘    └────────────────┘
                   ┌──────────┐
                   │ 西铁城    │
                   │(Citizen) │
                   └──────────┘
                          ↓
                      价格和理性
```

销者百宝箱

优势与劣势

有些公司拥有极好的产品和价格,但是分销渠道却很差。另一些公司分销渠道极好,产品却暗淡无光。剩下的一些竞争者才是你最需要担心的:那些在多个领域内都很强势的公司。在分析竞争状况时,你应该列一份相对竞争优势的系统清单,就像表5-1一样。

与公司员工——特别是营销经理、经验丰富的销售人员和客服人员进行一次头脑风暴会议,你就可以得到这些等级评价。雇员们在优势和劣势上的观点可能会缺乏客观性,并受到知识残缺的限制。因此,如果你采用这种方法,一定要注意倾听竞争对手公司的离职员工、咨询专家、顾客、经销商和其他充分了解这个行业的人的意见。充分利用公司市场调研部门搜集的所有调查数据。你需要与主要竞争者就你的公司拥有的相对优势和劣势的真实评价进行比较。

这种评价能够给你一个有关当前竞争状况的描述。然而,竞争性的市场总是在不断的变化中。例如,你的公司可能在产品方面做得越来越好。因此,明智的做法是给最重要的竞争因素建立一条路径——也就是表中向上、向下和横向的箭头。加上这些路径,你就能看到所有方面评价都很高的公司1的竞争态势正在下滑,而公司3在大部分维度上的竞争力都在上升。通过了解这些竞争者的走向,你就能更好地认识未来几个月或几年内你将要面对的竞争状况。当前状况的重要性倒是其次。

表 5-1 相对优势评估

	公司 1	公司 2	公司 3	我们公司
新产品开发机制	8↓	4→	5→	9→
产品质量	8↓	9→	4↑	7↑
渠道	6→	10→	6→	5→
顾客服务	3↑	7→	5↑	5→
顾客满意度	7↓	6→	5↑	7↑

等级 1-10,10 为最好
→ 不变
↑ 改善
↓ 恶化

进攻因素

在入侵新市场或者防御自己的势力范围方面,有些公司比其他公司更具侵略性。你应该把戴尔视作一个进攻型的公司。在占领了个人、企业和政府电脑业务的很大一部分市场之后,它将视线转向了现在由惠普公司主导的年销售额 430 亿美元的打印机市场。而且存储系统和服务器也在戴尔的关注范围之内。到 2005 年年底,对于戴尔在其利润可观的打印机业务上的威胁,惠普将如何作出反应还仍然有待观察。

在你分析竞争者的时候,试着系统地了解它们对机会和威胁会作出何种反应。表 5-2 所示的矩阵能够帮助你思考,并且记录下你对进攻性因素的理解。通过理解全部竞争者的特性,你就能设计出增加胜出几率的营销战略。

销者百宝箱

想要了解其他公司将对你的行为作出何种反应,角色扮演是一种很好的方法。这种方法先是研究竞争者过去的行为,然后指派一个小组在模拟中扮演它的角色。这是军队惯用的方法。例如,冷战时期美国陆军装甲师就通过与侵略者部队的模拟战争来进行训练,其中的侵略者部队学习的正是苏联装甲部队的战争方法。再举一个近一些的例子,派往伊拉克服役的装甲部队和步兵团都被送到了一个模拟中东城市的场地,在那里,他们同采用伊拉克叛军作战方式(伏击、路边炸弹等等)的士兵进行战斗。

表 5-2　我们和竞争者的反应模式

	公司 1	公司 2	公司 3	我们公司
积极进攻	√			
积极防御				√
防御反应慢	√	√	?	
积极通过降价进攻或防御			√	√
愿意进行促销竞赛	√	√	√	√

营销者能从类似的胜负游戏中学到很多东西,而且现在有很多用于这种目的的电脑产品。

波特的五力模型

如果不包含迈克尔·波特的五力模型,关于竞争环境的讨论就是不完整的。在1979年发表于《哈佛商业评论》(*Harvard Business Review*)上的一篇优秀的论文——"竞争力量如何塑造战略"(How Competitive Forces Shape Strategy)中,波特第一次清楚地表述了这一理论。至今,波特的五力模型在分析、理解一个行业的竞争状况和潜在经济规模方面仍然是一个有力的工具。[2]它同时也鼓励了战略专家和营销者跳出现有竞争者的小圈子,转而去注意决定行业潜在赢利性和成长性的其他参与者和影响力。

波特确定了决定行业竞争状况的五种力量(见图5-2):

图5-2 波特的五力模型

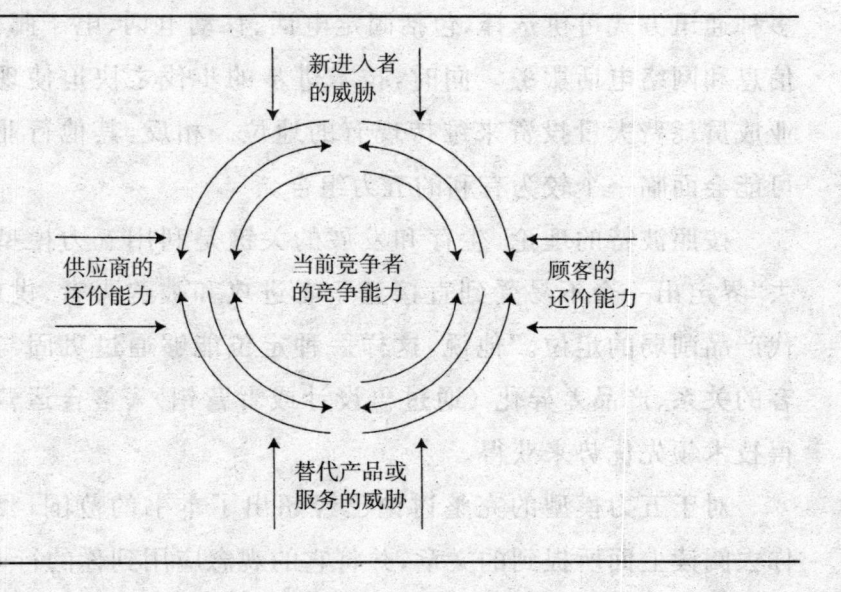

- 新进入者的威胁
- 供应商的还价能力
- 当前竞争者的竞争能力
- 顾客的还价能力
- 替代产品或服务的威胁

资料来源:Michael E. Porter, "How Competitive Forces Shape Strategy," *Harvard Business Review*, March-April 1979, 141。经许可引用。

> 新进入者的威胁
> 供应商的讨价还价能力
> 现有竞争者之间的竞争能力
> 顾客的讨价还价能力
> 替代产品或服务的威胁

"这五种力量的综合,"波特写道,"决定了行业最终的利润潜力。"由于各个行业的力量大小不同,利润潜力也会各不相同。例如,现在电讯行业的公司正面临着利润降低的问题,因为多种因素正合力威胁着现有的供应商;行业成员仍在继续抢夺对方的顾客,通常采取的是降价和扩展服务的方式;顾客能轻易地转换供应商;多种通讯方式可供选择,包括固定电话、移动电话、电子邮件、即时信息和网络电话服务。同时,技术进步的步伐之快迫使现有的行业成员耗费大量投资来维持现有的地位。相反,其他行业的成员可能会面临一个较为有利的五力组合。

按照波特的理论,生存和发展的关键是利用五力模型的知识去"界定出一个不易受到直接竞争者进攻和被购买者、供应商、替代产品削弱的定位。"他说,这样一种定位能够通过巩固与现有顾客的关系、产品差异化(通过再设计或者营销)、整合运营或者获得技术领先优势来获得。

对于五力模型的完整讨论已经超出了本书的范围,我们鼓励你去阅读上面所提到的文章,并将它的观念应用到你的行业中去。

不能正确地识别和客观地评价竞争力量可能是营销人员所能犯的最大错误。没有给予竞争分析足够注意的经理通常会盲目跟随竞争对手,或者被竞争对手从侧翼包围。别让这些发生在你身上。养成研究竞争者的习惯,并且像了解顾客一样了解它们。时刻注意它们战术的变化以及新的竞争者和替代产品或服务的出现。定期在不同方面测试它们的敏感度,以观察它们如何反应:这儿一个促销攻势,那儿一个广告闪电战。

小　　　结

- 竞争分析的起点是识别竞争者——未来的和现在的。
- 识别竞争者的战略和目标。
- 更好地理解主要竞争者将它们的产品开发和营销努力集中在什么方面,创建一幅定位图。
- 建立一个"相对优势"表,从主要的市场维度出发对每个竞争者的优势和劣势进行评级。

销者百宝箱

营

销者百宝箱

6 品牌塑造

销者百宝箱

6 品牌塑造
—— 顾客所看重的差异化

本章要点：

➢ 大众产品或服务怎样差异化

➢ 实施差异化的不同方法

➢ 通过品牌来实施差异化

大众产品（commodity）的身份对于每一位营销经理和销售代表来说都是噩梦。大众产品没有差别：一公升航空燃料、一夸脱牛奶、六立方米水泥、在纽约证交所出售的2 000股IBM股票。一旦人们将某种产品或服务看做大众产品，价格就成了他们最看重的因素，而这会导致销售商竞相降价直到底限的局面。为了得到订单，制造商必须既达到期望的质量标准，又报出最低的价格。

并不是所有的日用产品或服务都会进入这样的局面。从波士顿到华盛顿的航班曾经给顾客带来一段难忘的旅程。每一家经营这条航线的航空公司都有值得夸奖的方面。对许多乘客来说，这段旅行是新鲜和令人兴奋的体验。现在，这条航线的航班已经成为大众产品——空中的公共汽车——不管是哪家航空公司的。

品牌塑造

个人电脑在20世纪80年代流行时曾经是独特和高度差异化的产品,如今也沦为大众产品了。90%以上的电脑使用同样的操作系统和兼容的微处理器。对大多数用户来说,过去几年生产的任何一台装了视窗（Windows）操作系统的计算机都是可以互换的。电脑已经快要加入到烤箱、冰箱和电视机等大众产品的行列了。IBM将个人电脑部门出售给联想集团,只是个人电脑逐渐从新鲜、令人兴奋和时髦的产品衰落成为大众产品的一个信号。

我们时常用以下特征来区分大众产品和非大众产品。

大众产品	非大众产品
用途广泛	唯一用途
便宜并变得越来越便宜	昂贵
标准	特别
身份、地位低	身份、地位高
没有差异	有差异

销售商试图避免产品的大众形象,因为这样才能卖出更高的价格。他们最好能得到一个强有力的品牌形象,使产品或服务与众不同,并得到大家正面的评价。本章将对差异化和品牌战略进行讨论,并提供建议,这些建议能够使你的产品或服务出类拔萃。

日用产品或服务的差异化

如果企业能够将日用产品或服务进行差异化,则仍然能获得

销者百宝箱

可观的收入。西南航空公司靠低价格、不提供其他服务,在过去30年里每年都获得高额的利润,甚至在它的竞争对手破产的几年里也是如此——那应该是最艰难的时期了。西南航空公司成功的基础是其运作的高效率、飞机的高利用率和员工的高生产率。这些共同作用的结果使西南航空成为美国航空业最强大的品牌。

类似地,纽克公司(Nucor)在一个高度竞争的大众产品行业——钢条和轧钢——获得了高额利润。它的成功大部分归功于其先进而费用低廉的薄板坯弧形连铸程序,还有与西南航空公司一样的员工管理创新。

除了这些例外情况,大多数企业赢利和增长的途径都只能是差异化(differentiation),通过差异化使产品或服务与竞争对手区别开来,这比价格战更有意义。下文中将会提到,有效的差异化同品牌战略有着紧密联系。

大众产品制造商通常能够在服务上有所差异。即便价格和产品雷同,服务同样可以有所区别。一家水泥企业作出了示范。水泥都是大同小异的。世界第三大水泥供应商——墨西哥水泥集团(Cemex)就面临着产品没有差别的问题。但是,墨西哥水泥集团公司展示了快速和可靠的配送能力,使它的产品和竞争对手有了质的区别。

大卫·波维特(David Bovet)和约瑟夫·玛撒(Joseph Martha)在他们书中的供应链管理部分提到:墨西哥水泥集团因为采用生产战略和高科技的物流战略,实现了98%的按时送达率,在许多市场上都成为了重要的行业力量,而大多数竞争对手最多只能达到

34%。建筑公司工期都比较紧,所以可靠性显得尤为重要,尤其是送晚了就意味着人员浪费。"这种高度可靠性,"波维特和玛撒写道,"使墨西哥水泥集团在大部分市场都能得到回报,利润水平比主要竞争对手高了 50%。"[1] 在这个案例中,高度可靠性有效地区分了一件大众产品。你也可以通过提供更好的客户支持实现差异化。

制造商可以对它们的日用产品进行修饰,使其与众不同。例如,佛蒙特(Vermont)的奶农和其他地方的奶农一样,不幸面临着较低的奶价。牛奶市场也是买方市场。牛奶也是大众产品,但佛蒙特州汤布里奇的皮特·弗林特(Peter Flint)和邦尼·弗林特(Bunny Flint)改变了这种状况。1989 年他们改为组织化生产,并在次年成立了佛蒙特奶牛组织(Organic Cow of Vermont)。现在,75 个美国东北部的奶农通过鉴定,向奶牛组织供应牛奶,由奶牛组织与零售商店和超市谈判,以获得更高的价格。

差异化的方法

差异化的方法非常多,但它大致上会以下列形式之一呈现:

> 诉求设计,如博朗(Braun)厨房用品。
> 更优秀的表现,如苹果的笔记本电脑、保时捷(Posche)和雷克萨斯(Lexus)汽车。
> 技术革新,如丰田(Toyota)和本田(Honda)研发的混合动力汽车。

销者百宝箱

> 可靠性和耐用性,如美泰公司(Maytag)的器具。
> 购买的方便和容易程度,亚马逊网站。
> 所有者的安全性,例如沃尔沃和萨博(Saab)汽车。

销售商也可以靠改变氛围(atmospherics)——即改变交易的现实和心理环境来实施差异化。这是一个非常大的差别。许多人寻求在令人满意的环境中购物,他们愿意为此付出更多。以星巴克(Starbucks)为例,它的无线上网和咖啡馆的气氛得到了很多人的认同;而博德斯(Borders)书店的顾客则可以坐在舒服的沙发上,品着咖啡阅览书籍。

乔丹家具(Jordan's Furniture)是一个家族企业,在波士顿地区有五家零售商店,它们提供给顾客的氛围可以称作顶级。巴里·乔丹(Barry Jordan)和艾略特·乔丹(Eliot Jordan)兄弟及其合作人不仅仅提供标准庄重的房间展示,还添加了许多出乎预料的东西。其中两家有IMAX影院和餐馆。有一家有动感电影,其他商店则有带安全网的秋千,可以测试小孩子和长辈们的勇气和胆量。

这些商店不仅仅是零售市场,它们还是至少4 000位周末购物者的目的地。当小孩子们观看动感电影,仿佛同影片中的警察一起,从矿井隧道追逐至鳄鱼出没的沼泽时——他们的父母正在购买家具。乔丹的商店每平方英尺大约有950美元的销售收入,而美国的行业平均水平是150美元。商店的存货周转速度达到了每年13次,而全行业平均每年只有一至两次。(这些商店的虚拟模型可以见其网站,www.jordan.com。)

品牌塑造

品牌塑造（branding）是另一个差异化的方法，也是差异化最终的努力方向。为你的产品或服务塑造一个正面和亲切的形象，它们会比竞争对手的产品更有可能成为买主的第一选择。以下情况虽然是假设的，但很多人会觉得很熟悉：

在假期的第一天，施密特（Schmidt）一家驾着车正穿越美国的州县。孩子们困了，是找地方住宿的时候了。当他们到达下一个小镇时，他们开始关注路边的住宿广告：吉姆和朱丽亚汽车旅馆（Jim and Julia's Motel）、爱荷华旅店（The Iova Lodge）、假日酒店（Holiday Inn）等等。施密特一家驶出高速公路，直奔假日酒店，在那里登记过夜。

为什么这家人条件反射似地选择了假日酒店？最有可能的原因是：假日酒店是著名的品牌，而这些品牌是他们较为关注的。

一个强大的品牌会成为顾客购买时的默认选择或者第二选择。总之，它会使产品或服务进入顾客的备选名单。在上述假设的案例中，考虑到其他选择都没有名气，假日酒店的品牌成为施密特一家的默认选择。他们预先知道假日酒店的价格和品质，而对其他选择不够了解。他们知道选择这个品牌不会经历到不愉快，这使决策变得简单。

但是，如果施密特一家的备选里面还有另一个强势品牌，例如经济宾馆（Econo Lodge）或者万豪酒店（Marriott），情况会发生

销者百宝箱

怎样的改变？施密特一家对假日酒店的自动选择就可能不会发生了。他们可能会斟酌一下这些选择。

类似上述的案例鼓舞公司在塑造品牌时非常积极，并且舍得斥巨资。公司同时还要花大力气保护品牌，使其免受非法侵占或者形象被损害和中伤。有些品牌非常成功，以至于进入了美国的辞典。因此，当小布什（George W. Bush）在2005年初要求进行社会安全系统的改革时声称：他不会接受一个邦迪（Band-Aid）方案。邦迪是一种黏性胶带，是强生（Johnson&Johnson）公司的著名品牌，有着超过75年的历史。许多次我们要求文件"施乐"（Xerox，该公司名在英文里具有"复印"的意思）一遍，或者在即将打喷嚏时问："你有没有舒洁（Kleenex）？"想知道塑造品牌的更多细节，见"品牌辞典"。

强势品牌的产品给人的感觉是：它的质量和功能是竞争者的同类产品所不能达到的（见"世界顶级品牌"），而无论实际情况是否如此。这种感觉通常导致它的产品价格比对手不知名的品牌更高。强势品牌也带来了更高的销售量，因为顾客不会在作决策时感到痛苦。就像帕特里克·巴维斯和肖恩·米汉在书中写道的："购买熟悉的品牌是用一种可靠、支付得起、便利的方法来减少风险。"[2] 品牌出名就好似质量得到了认可，使消费者的决策变得容易。这带来了产品的反复购买，比如佳洁士（Crest）牙膏和汰渍（Tide）洗衣粉，因为人们在购物时没有时间和精力去比较和考虑其他品牌。当找到适合的产品时，他们就会停止搜寻，条件反射似地将佳洁士和汰渍放入购物车。

但是，当顾客明白这种更优质的感觉不过是广告营造出来时，或者当那些不知名产品以更低的价格表现出相同的实用性时，某些产品的品牌号召力就可能会下降。这种状况越来越普遍，使得超市和杂货店纷纷将低价的普通商品和昂贵的名牌商品并排放在一起。

例如，在美国最大的连锁药店 CVS 里，自产的普通止痛药和退烧药在架上的位置挨着强生的泰诺（Tylenol），而泰诺是非处方药里最著名的品牌之一。它们的活性成分都一样：醋氨酚。一样的规格，CVS 牌的价格为 8.68 美元，泰诺价格为 15.99 美元。这个差别足以使许多购物者考虑再三，但他们却看不出两种产品有何大的差别，就会购买较为便宜的那种。

品牌辞典

在《新品牌：从韦兹伍德到戴尔等创新者是怎样赢得消费者信任的》（Brand New: How Entrepreneurs Earned Consumers' Trust, from Wedgewood to Dell）一书中，商业历史学家南希·F. 凯恩（Nancy F. Koehn）将品牌定义为："将某一卖主的产品或服务与竞争对手区别开来的一个名称、符号或象征。"品牌也体现了丰富的产品或服务营销信息以及顾客对它的综合期望。

上文提到，品牌塑造是一种沟通上的努力，目的是将你的产品或服务与竞争者区别，并塑造出正面的形象。美泰利用长期的广告宣传实现了上述目标，它的广告突出美泰器具的维修工人——"城里最寂寞的人"——坐在办公室里等电话响。当然，电话绝不会响，暗指美泰器具高度的可靠性。

品牌资产（brand equity）是指品牌给公司带来的经济价值。例如，宝洁在 2005 年收购吉列（Gillette）时，它支付的 570 亿美元并不是吉列的设备、工厂和存货的价值。这些价值只是其中的一小部分。

销者百宝箱

宝洁付出如此巨额的收购资金,是因为吉列的品牌价值,在宝洁的眼中,它就是未来可靠的收入来源。

将品牌产品未来几年的现金流折为净现值,与条件相当但无品牌的产品同样时间的净现值比较,就可以估算出品牌的价值。两者之间的差距即是品牌资产。计算的时候应包括塑造和支持品牌的所有促销费用。

品牌延伸(brand extension)是指企业将已有的成功品牌名称移植到其他产品或服务上。移植与被移植的产品或服务之间或多或少都有点联系。例如,几年前,生产高级巧克力冰淇淋的厂商德芙(Dove)新设了一条高级巧克力的产品线。这些巧克力自然也获得了与冰淇淋产品一样正面的形象。像这样的品牌延伸降低了导入新产品时的风险和费用。但是,品牌延伸也有风险,将品牌延伸到一件普通的新产品上——或者延伸到太多新产品上——将贬低品牌原来的价值。

资料来源:Nancy. F. Koehn, *Brand New* (Boston:Harvard Business School Press,2001),5。

有价值的差异化

你的企业实施差异化战略吗?如果有,你的产品或服务与竞争者的差别在哪里?无论怎么回答,请记住:有价值的差异化仅仅是在顾客认为有价值的差别上。如果目标顾客认为你的产品或服务的差异是有价值的,他们就会:(1)选择你的产品或服务,而不是其他人的;(2)乐意为你的产品或服务支付更高的价格;或者(3)上述1和2两者的结合。要确定顾客是否认为你的差别有价值,经验和市场调研是最好的方法。

然而,越来越多的证据表明:许多物质产品没有在顾客认为有价值的地方实施差异化。营销人员和研发人员有时在新产品或升级产品上添加了一些引人注目的细节,却不去思考顾客是否在乎,是否愿意购买。汽车买主是否需要 10 种轮盖、6 种内饰、18 种独特的方向盘选择？在针对这些特色大肆宣传了几年之后,提供上述选择的日本汽车制造商发现极少有人在乎。

世界顶级品牌

最知名的品牌是哪些？这得看你住在哪里,并且还会随着时间而变化。2004 年末,网络杂志《品牌频道》(*Brandchannel*)对广告人员、品牌经理和专家学者进行调查:"在 2004 年,对你的生活影响最大的品牌有哪些？"大约 2 000 人做出了回答。以下是按照不同地理位置分别列出的等级排序:

	1	2	3	4	5
全球	苹果	谷歌 (Google)	宜家 (IKEA)	星巴克	半岛电视台 (Al Jazeera)
中美和拉美	墨西哥水泥集团	珂罗娜 (Corona)	百加得 (Bacardi)	Bimbo	Vina Conchay Toro
亚太	索尼	三星 (Sumsung)	LG	丰田 (Toyota)	孤独星球 (Lonely Planet)
欧洲和非洲	宜家	维京 (Virgin)	H&M	诺基亚 (Nokia)	半岛电视台
北美	苹果	Google	塔吉特 (Target)	星巴克	皮克斯 (Pixar)

资料来源:节选自 Robin D. Rusch,"Readers Pick Apple:2004 Readers Choice Award",www.brandchannel.com/features_effect.asp? pf_id=248。

销者百宝箱

消费者想要集合多种功能的DVD、录像机、数码相机或者办公软件包吗？工程师喜欢这些数码产品，并且努力将它们的功能加到其他产品上去。这解释了为什么新版教科书变得更大而不是更好，随着时间的推移，这种教科书正在朝纽约电话簿的大小发展。也解释了为什么新版的微软Word和Excel系统越来越大，越来越复杂，即便90%的用户只使用其中很小一部分的功能。

比这种过度差异化更佳的选择是：简单地做得更好。按照帕特里克·巴维斯和肖恩·米汉的话来说：以"产品基本利益"为基础的改进能够使产品或服务差异化。他们认为：擅长了解顾客的差别需求才能造就成功者。在许多情况下，当产品或服务具备应有的表现、容易购买和操作、售后服务极佳时，这样的企业就是最好的企业。

巴维斯和米汉认为大多数企业的差异化做得太过，超出了顾客的需求。他们的观点是：对差异化的突出强调是由广告人员驱使的，他们非常迫切地需要一些可以表现的差异，这样才能跟上当代媒体的步伐。在如今的广告中，你必须要有一些不一样的东西——哪怕是古怪的——来引人注目。但是按照两位学者的观点来看，许多顾客并不想要一些花哨的东西，他们只是想要高质量的产品、可靠的服务、及时的配送和合理的价格。如果你在上述方面比其他竞争者做得更好，你就可能找到了通往成功的差异化方法。

小　　结

- 对产品或服务实施差异化的方法有很多，包括顾客服务、快速配送、诉求设计、更优秀的表现、技术革新、便利性、安全性、氛围和可靠性等。
- 品牌的区别不仅仅是一个名字或符号，而且包含产品或服务中营销信息的不同。
- 一个具有正面形象的品牌使消费者的选择决策变得更加容易。
- 有价值的差异化仅仅表现在顾客认为有价值的差别上。

销者百宝箱

营

销者百宝箱

7 合适的目标顾客

销者百宝箱

7 合适的目标顾客
——顾客的获得、维持和发展

本章要点：

➢ 了解顾客的经济价值有何不同
➢ 知道将获得和维持顾客所需的资源集中到何处
➢ 识别顾客流失的消息源和诱因
➢ 获得更多的顾客份额

营销人员的目标是通过有效的分销、较低的价格，使每个人都具备购买其产品的条件，再通过广告使顾客产生购买的意愿。对于他们来说，交易是商业的基础。与之相对照的是，许多企业的产品或服务包含了与顾客建立持续关系的某些形式：信用卡或银行账户、书友俱乐部会员、零件供应商和制造商之间的关系等等。

这些关系使你有更多机会了解你所服务的对象，并利用这些了解来改进你的产品或服务及业务活动。本章阐述了顾客关系中潜在的经济价值，并提供了一些维持和发展顾客关系的建议。

合适的目标顾客

顾客的经济价值

对于一个企业来说,并非所有的顾客都具有同样的经济价值。艾克思(Eric Almquist)、安迪·皮尔斯(Andy Pierce)和塞萨尔·帕瓦(César Paiva)发现:从不同顾客那里获得的收益有着巨大的差别。"根据我们的经验,"他们写道,"许多企业有三分之一的顾客带来的收益是费用的150%甚至更多,三分之一的顾客收支平衡,还有三分之一的顾客导致了重大的损失。"[1]一个顾客群体创造的利润被企业服务的其他群体给摊薄了。作者注意到这种模式贯穿于各个行业。也许你会发现自己的企业也是这样。

这种收益上的差异是许多因素作用的结果:总收入,边际收入,顾客关系持续的时间,获得、服务和维持特殊顾客的费用有着不同的情况。在大多数交易中,费用基本上都是差不多的。因此,大量的费用浪费在了那些购买量非常少的顾客身上,也浪费在了为获得他们所做的努力和与他们的交易活动上。当为营销人员支付更多薪酬试图留住他们时,会让这个问题变得更加复杂。营销人员将顾客忠诚与获得收益混为一谈了。这种错误的认识使他们认为:为了维持那些对企业利润贡献很少甚至没有贡献的顾客而耗费时间和金钱,真是"赔了夫人又折兵"!

顾客的经济价值是由顾客交易产生的现金流贴现减去为获得

销者百宝箱

顾客所支出费用的余额，见图7-1。罗伯特·韦兰（Robert Wayland）和保罗·科尔（Paul Cole）说道："现金流的大小取决于顾客在一定时期内的购买量、购买产生的边际收益以及顾客关系持续的时间。"[2]例如，从图7-1中我们看到，企业在开始的短时期内，为了获得顾客而在直邮项目、电话推销和其他手段上支出费用，这时它的现金流量是负的。当顾客随着时间的推移与企业达成更多的交易后，现金流量最终就变为正的了。（欲了解顾客经济价值的更多细节，见"顾客价值"。）

这是每个营销项目努力想要达到的理想结果。许多行业的企业都运用这种现金流模式。图7-2是弗雷德里克·瑞奇赫德（Frederick Reichheld）对美国信用卡行业的顾客收益描述。我们可以看到：在最开始为获得顾客而支出一定的费用以后，收益就开始逐年递增。它解释了为什么信用卡公司愿意耗资为顾客提供四到六个月的免息账户（为获得顾客而采取的一种流行做法）。这笔费用非常高，但如果公司能够长期留住顾客，就会有丰厚的回报。

然而，对于大多数企业来说，现实肯定是达不到两个图中所描绘的理想状况。有些顾客在负现金流阶段停留很久后才进入到盈亏平衡阶段。即便到那时，他们创造的正现金流也有限。其他的顾客则根本没有走出负现金流的阶段。这强调了顾客经济价值的差异性，也指出了了解最大和最小价值顾客的重要性。

合适的目标顾客

图 7-1 顾客的经济价值

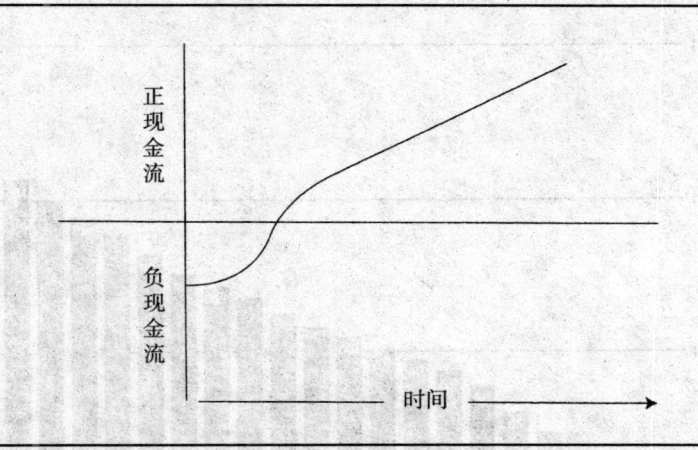

公司的顾客分布倾向于以顾客的平均价值为中心的正态分布,这是任何公司无法改变的,如图 7-3。在图中,顾客的平均价值在正当中,也就是曲线的中部,正好是盈亏平衡点,在它的右侧是有经济价值的顾客,左边则是无利可图的顾客。这种分布模式几乎在所有的行业都能看到,即便是非营利组织中也是一样。

> **顾客价值**
>
> 顾客创造了收入流——无论短期还是长期,持平还是增长。在实际生活中,有一系列的经济支出与以下现金流有关:获得、维持和发展(Acquiring, Retaining, and Developing, ARD) 顾客的费用和他们产生的收入流。收入和费用之差就是顾客价值。顾客价值是股东价值的基础。当一位顾客流失时,公司就会失去他所创造的现金流和顾客价值。
>
> 因为所有顾客的 ARD 费用都差不多,所以对于公司来说,清楚地知道哪些顾客是他们的目标顾客是很重要的。

销者百宝箱

图7-2 信用卡行业顾客生命周期的收益模式

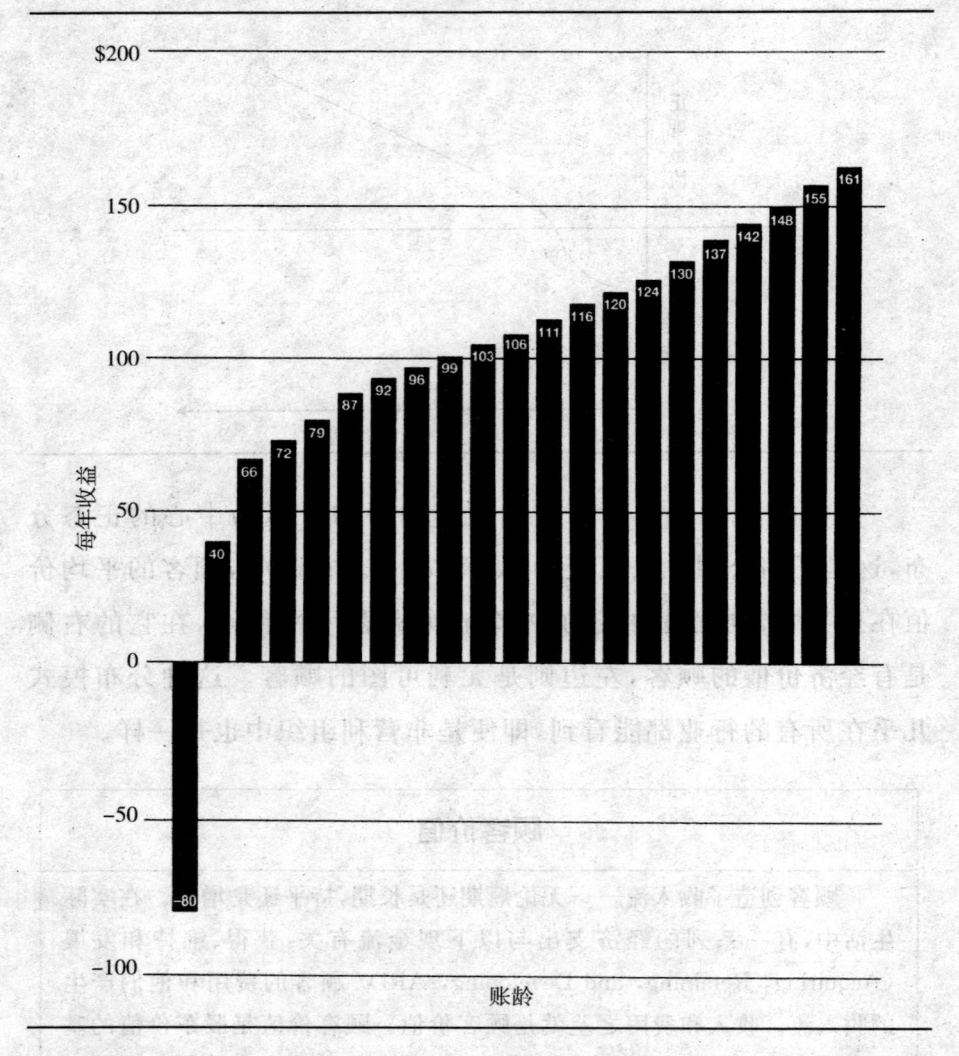

每年收益(纵轴,$): -80, 40, 66, 72, 79, 87, 92, 96, 99, 103, 106, 111, 116, 120, 124, 130, 137, 142, 148, 155, 161

横轴：账龄

资料来源：Frederick Reichheld, *The Loyalty Effect* (Boston: Harvard Business School Press, 1996), 51。经许可引用。

例如,博物馆就非常典型,它在每位会员身上都是亏损的。因为每位会员只要支付40美元的年费,就能收到每月的会员杂志,并且能任意使用博物馆的美术室。只有在会员花钱参加某些活动、或者从礼品店购物、在餐馆就餐、在定期的募捐活动中慷慨解囊时,博物馆才能有所收益。

类似的顾客价值分布也可以在大多数细分市场上看见。如果你的市场细分做得不错,为目标顾客设计的产品或服务也很优质,分布曲线就会向着支持你的方向倾斜——更多的顾客分布在曲线的赢利一端。但是,想要从每个顾客身上都获利是不可能的。

从图7-3可以明显地看到,企业可以通过以下行为来提高赢利或者减少亏损。

停止同那些持续给企业带来损失的人做生意。营销和销售人员总是非常乐观。他们认为:今天没有价值的顾客也许明天就是赢利的源泉。然而,有些时候必须面对现实,有些顾客并未变得更有价值,你必须对他们作出挑选。节省下来的资金应重新投入到吸引和维持能够带来利润的顾客身上。

但是,在挑选顾客之前,聪明的做法是先对他们的现状作一番调查。这些忠诚但未给公司带来赢利的顾客是否具备购买更多产品的经济能力?如果问题出在没有足够的购买力,则放弃这些顾客;如果问题在于你没有获得属于你的"钱包份额"(share of the wallet),那就必须使你与顾客的关系变得物有所值。你的产品或服务或许还有某些地方需要改进。

图7-3 顾客价值分布图

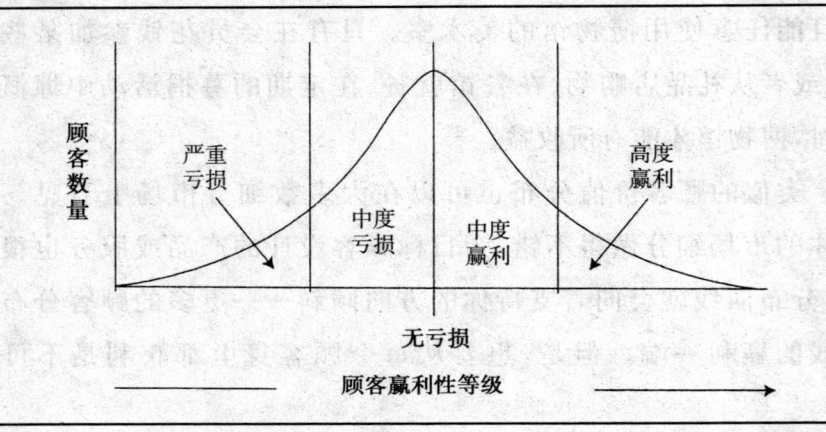

资料来源:Robert E. Wayland and Paul M. Cole, *Customer Connections* (Boston: Harvard Business School Press,1997),120。经许可改编。

　　制订一份经济合理的计划,将带来少量赢利的顾客变成高利润的贡献者。在这里可以将对顾客的了解转化为赢利。一旦你了解顾客需要什么,想要购买什么,你就能提供更吸引他们的产品或服务,也许那只需要你将现在的产品或服务重新设计一下。以美国电信业巨头Verizon为例,在2005年中期,Verizon提供的数字用户线路(DSL)网络服务每月仅收费30美元,也许可以获得微薄的利润——只要顾客不再与客户服务代表喋喋不休地反映网络连接问题。但Verizon迅速扩展了提供给这些DSL用户的产品,添加了电子商务和网络计算机教程、电影和音乐下载、基于宽带的网络电话等等。这个用户扩展计划提高了许多顾客的价值。

　　另一个增加边际收益的方法是削减顾客价值方程的费用端。

———————————————————合适的目标顾客

企业需要寻找费用更少的获得和服务顾客的方法。许多企业找到的方法是"自服务"网站。

制订计划维持带来利润的顾客,并进一步提高他们的顾客价值。这些顾客好比皇冠上的珠宝。企业应该削减没有经济价值的顾客,将节省的资金用在巩固和发展与这些带来利润的顾客之间的关系。我们在本章中将会对顾客的维持和发展进行阐述。

你的顾客终生购买的价值有多少,而你为他们服务的支出又有多少?你可以假设一下顾客终生的购买次数、每次的购买量、平均的购买价格和其他影响收入及费用的变量,然后估算价值。附录中有一张工作表,名为"计算顾客的终生价值",你可以用它来做上述计算。如果你登录我们的网站,www.elearning.hbsp.org/businesstools,你会看到一张 Excel 表格,可能帮你处理以上数据。

顾 客 维 持

我们早就注意到,每一位有价值的顾客流失以后,都会减少一部分现金流,而且这种情况会持续许多年。那会减少你的净利润。更糟的是,寻找一位替代者需要在营销和购买诱导上额外投资,包括返利和折扣。这笔获得顾客的支出可能会抵销掉少则一年、多则几年的销售收入。当获得顾客的费用非常高时,维持住现有的顾客尤其重要。

销者百宝箱

根据测量,即便只是为维持顾客而作出很小的改进,也能让你的净利润有质的提升。例如,弗雷德里克·瑞奇赫德和小 W. 厄尔·萨瑟(W. Earl Sasser Jr.)对九个行业——从汽车服务到软件业——的企业研究表明:顾客的流失率降低 5%,企业的利润就能增加 25% 至 85%。[3] 收益会有大幅度的提高。

考虑到顾客维持的经济价值,我们很奇怪企业为什么没有正式和系统地对它进行过研究。它们将大量资金投入到获得新顾客和压榨现有顾客上,并且积极地开展此类活动。它们有广告经理、销售经理督促,有配额、奖金激励,使员工努力去获得新的客户,却很少关注在顾客维持上的系统管理。尽管如此,如果瑞奇赫德和萨瑟的研究结果正确,投入到后者中去的每一元钱比前者能获得更高的收益。企业应该确保用来维持顾客的资金用在有经济价值的顾客身上。

将顾客流失量化

企业的顾客流失都采取什么形式?你知道流失的比率和原因吗?你知道每一位顾客的流失会带来平均多大的损失吗?如果你回答不出上述问题,说明你对顾客了解得还不够——而对顾客的了解是成功的市场营销的基础。

顾客维持管理首要的工作就是估算顾客流失的比率。如果你没有这些信息,可以使用瑞奇赫德建议的方法:每隔几个月计算一下流失数量,然后估算当年的数值。例如,如果你在一个季度(三个月）里流失了100名顾客，一年的数量就大约是400人。如果你总共有2 000位顾客，那就是五分之一，或者20%的年流失率。将这个数值倒过来，意思就是说：在当前的流失率下，顾客平均能够维持5年。假设你也可以确定每一位顾客带来的平均年收益，你就能计算顾客的平均现值。

找到流失的主要人群

如果你的企业同大多数企业一样，不同的产品线对应不同的细分市场，那么有可能你在不同市场上的顾客流失比率是不一样的。这就需要在每一个市场上将顾客流失量化（使用上文中的方法）。

例如，你可能会发现网络股票分析服务用户有50%流失，但债券市场数据服务用户只有10%的流失率。了解这些能让你集中精力去应付流失较多的市场。

深度分析可以帮助你了解流失顾客的特征。比如，分析结果可能告诉你：在股票分析服务市场上，25至35岁之间的男性用户流失率达到90%。有了这条信息，你就可以决定，鉴于获得顾客所需的费用高昂，以后的目标定为较年长的顾客。

从流失和不满的顾客身上获得启发

流失的顾客是关键的信息源。如果你能接触并与他们交谈，

他们会告诉你流失的原因。

"我并不觉得你的股票市场实时通讯设备值那个价钱。"

"这本杂志的广告太多,内容太少。"

"我们没有续订下一季的门票,是因为这次交响乐表演有太多流行元素,而我们喜欢巴洛克风格。"

"去年的两个老师没有让我的孩子得到提高,而管理层也没有作出任何的改善。这样的私立学校我们不会再继续读下去了。"

"你们的食品送货上门服务很好,价格也很具有竞争力。我们停止这项服务是因为我们已经改吃有机食品了。"

类似上述的评论能帮助你了解顾客流失的原因,并引导你考虑产品或服务的定价、功能、配送和其他方面是否应该作出调整。所以,企业应该开发出一种系统的方法,来从流失顾客那里获得反馈。

消除流失的根源

假设你的产品或服务的性价比很有吸引力,目标市场是正确的(你销售的是有需求的产品或服务,定价合理,配送周到),减少流失的最好方法是消除顾客犹豫的理由。以下是一些建议:

> 质量不能让人失望。产品或服务的质量必须一贯保持在顾客期望的较高水准上。

― 合适的目标顾客

- ➢ **保持价格的合理性**。撇脂定价可能会带来短期的高收益,但会造成顾客的流失。
- ➢ **保持与顾客的沟通**。如果顾客有机会将信息反馈给企业,他们就会原谅企业的一两次小失误。所以对反馈应作出某种形式的奖励。
- ➢ **常常给顾客制造一些小惊喜**。如果顾客预计货物五天能送到,你可以改进配送程序,使送达时间缩短到四天以内,然后以不一样的方式前往,给顾客带来惊喜。

顾 客 发 展

一旦建立了与顾客之间的良好关系,前期获得顾客的费用就可以大大减少。如果维持顾客的工作做得很好,虽然你也会损失一些顾客,但也不必从头做起。下一阶段的挑战就是扩展当前顾客跟你之间的业务量,这样的行为被称作顾客发展(customer development),也被称作扩展你的"钱包份额"。

从图7-2中可以看到,信用卡用户随着时间的推移会带来增长的收益。为什么呢?因为顾客在熟悉了信用卡之后,平均每一位顾客使用的次数会增加。他甚至可能不是每个月按时还款——这是信用卡公司的另一个收入来源。如果顾客拥有一家小型企业,也许他还会申请另外一张信用卡,用来支付差旅费和原材料与设备的大宗采购费用。交叉销售能够为发展顾客的交易量创造更

多机会。例如，MBNA 公司的信用卡用户可能需要存款、开设退休账户、支付汽车的购买费用或者还清房屋贷款。所以，MBNA 公司向客户提供包括以上服务在内的大量金融服务，以获得更多的顾客份额。

上文提到的每一项行为都是顾客发展的具体形式。假设顾客对你的现有产品或服务很满意，拓展与他们之间的业务比识别和开发新顾客要简单得多。这就是为什么顾客发展在客户关系管理中占有重要地位的原因。现在的问题是：你准备在现有基础上怎样发展你的顾客？

顾客发展要求你找到顾客其他方面的需求。理论上讲，了解顾客的价值链是开始时的最好方法之一。顾客价值链就是顾客将投入变成产出的一系列相关活动。例如，一个家庭清洗衣物的价值链包括以下活动（如图 7-4）：购买和操作洗衣机和烘干机，购买去污剂，自来水供应，周期性的机器维护。

通常的情况是，制造商通过零售商销售洗衣机和烘干机。顾客再从别处获得其他所需用品：去超市购买去污剂，去当地市政局交纳水费，找一家本地的设备维修站进行维护。如果制造商想要扩展顾客份额的话，可以通过直邮出售"专为本机器配制"的去污剂，或者出售一年的维修服务承诺。很明显，企业选择的目标应该是与顾客价值链相关、能给企业带来利润且具有竞争优势的环节。

作为练习，请你概略地描述出当前顾客的典型价值链。圈出正在服务和正在发展的相关环节。然后，识别你未来有可能进入的环节。之后试着回答以下问题：

合适的目标顾客

> 在进入价值链的这些新环节之前,你需要掌握哪些顾客信息?
> 当前顾客怎样处理这些环节,通过谁来处理?他们满意吗?还需要其他选择吗?
> 我们目前是否有能力服务这些环节?如果没有,是否可以获得这种能力,并且物有所值?

诚然,这是复杂问题的简单做法。但是大事情常常都是由一系列简单的做法开始的。

通常,与高价获得新顾客相比,开发现有顾客的利润潜力更加富有成效,风险更低。这是美国军队指定的金融服务机构 USAA 在若干年前发现的规律。随着时间的推移,USAA 从只向会员提供汽车保险扩展到包括其他一系列的产品:人寿保险、信用卡、支票和存款账户等等。每一项新的服务进入了顾客的金融价值链的一个环节。美国的大型超市好事多(Costco)也进行了同样的扩展。它的会员除了能够在好事多得到食物和美酒以外,现在也能开处方药,做视力检查,购买眼镜或隐形眼镜,还能在旅游代理那里预订假期出游。在上述案例中,企业都扩展了它们的顾客份额。

图7-4 衣物清洗价值链

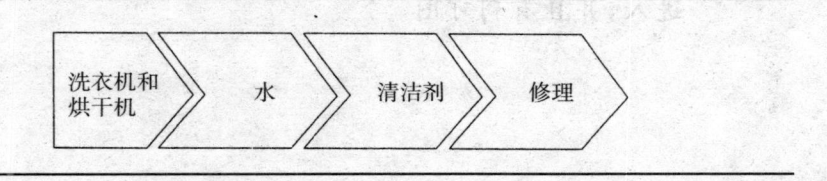

| 洗衣机和烘干机 | 水 | 清洁剂 | 修理 |

小　结

- 许多企业都发现：不同顾客的经济价值有着巨大差别。它们只能从其中一部分顾客身上获得利润，却将大量资金浪费在获得和服务其他顾客上。
- 因为顾客的获得、维持和发展的费用高昂，所以应该清楚地知道：哪些顾客才是服务的对象。
- 顾客维持的支出应该从低价值的顾客转移到已经带来高利润或者经过发展能够带来高利润的顾客身上。
- 在某些情况下，即便只是在顾客维持上作出小小的改进，就能大幅度提升利润。
- 从流失的顾客那里获得的信息能帮助你对定价、产品或服务的功能及其他方面作出改进，这样就能减少顾客流失。
- 减少顾客流失的最好方法是消除顾客犹豫的理由。
- 顾客发展的目标是：扩展当前顾客与你之间的业务量。方法之一是检查顾客的价值链，确定价值链上哪些环节可以进入，并且有利可图。

营销者百宝箱

8 开发新的产品和服务

8 开发新的产品和服务
——营销人的角色

本章要点：

➢ 突破和改良的产品与服务

➢ 产品线的水平和垂直延伸

➢ 新产品开发过程

➢ 利用阶段——关卡流程作继续与否的决策

➢ 营销人在新产品和服务开发中的角色

新产品的开发是组织生存和发展一个重要的因素。面对激烈的竞争、变化的顾客期望以及技术的进步，一个公司必须不断开发新的产品，并且不断改良现有产品，才能保证资金的周转畅通。在产品生命周期的衰退阶段（见本书第一章），需要特别强调资金流周转的重要性。对服务而言也是同样的道理。

我们习惯于认为新产品总是具有一定的物质形态——电子设备、计算机软件、汽车以及药品等等。但是在现代经济中，新的服务具有同样重要的作用。咨询、共同基金、在线大学课程、信用卡、家庭货物配送和血管修复手术都是给消费者带来价值、给公司带来收入的服务。

开发新的产品和服务

因为开发新服务的过程与开发新产品类似，因此，我们这里只谈开发新"产品"，而非新"产品和服务"。

开发新产品是风险比较大的商业行为之一。然而，当它有了一个良好的营销基础——了解顾客需求、市场细分、确定目标顾客等等——之后，风险就能降低。先开发出新的产品，然后才去研究如何营销，往往会导致灾难性的后果。

但是也有例外，亚历山大·贝尔（Alexander Bell）从来没有为电话机制定过营销策略，也没有采用过焦点小组。他所知道的是：对任何一个想进行远距离交流的人来说，电话是一种恩赐。在贝尔的例子中，拉尔夫·沃尔多·埃默森（Ralph Waldo Emerson）的妙语得到了证实：当你发明了一种更有效的捕鼠器，全世界都会铺条路到你家门口。然而电话对全世界来说是一种创新，是没有任何一种产品可以替代的。相反，现在的大多数新产品却必须跟类似的产品以及有效的替代品进行竞争。

本章阐述了新产品的开发过程以及营销人员在其中必须扮演的角色。这个角色任务艰巨，而且至关重要。作为公司与顾客以及公司与竞争者之间的主要联系人，营销人员理所当然地被寄予厚望，要求他们去发现潜在的和未被满足的需求，并把这些信息传递给他们的同事。为了最终将新产品导入市场，他们还要组织许多活动：产品定价、建立配送渠道、制订促销计划等等，这些是任何一项新产品成功投放市场所必须具备的环节。

销者百宝箱

两种类型的新产品

如果不事先了解新产品的类型,就难以了解产品研发和营销人员在其中扮演的角色。新产品计划沿着一个连续的闭环移动,当到达极端时产生突破性产品,其他情况下则出现改良产品,如图8-1所示。你会发现:通常来说顾客的建议和投入对前者几乎没有价值,对后者的价值则非常大。

突破性产品

一种突破性产品(breakthrough product)具有以下一项或者多项特征:

- 全新的功能表现。
- 通过改进使其表现比市场上同类产品出色许多。
- 相对于同样功能的其他产品,费用大大降低。

这些突破性产品改变了它们所在行业的竞争规则。突破性产品(指它们刚推出时)的例子包括以下这些:

- 电灯
- 抗生素
- 喷气式飞机引擎

开发新的产品和服务

- 微波炉
- 信用卡
- 晶体管
- 心脏起搏器
- 骨与关节置换手术
- GPS 装置
- 可以减少入侵性手术和长时间住院的医疗技术

图 8-1 突破性产品和改良产品的对比

突破性产品 ⟵⟶ 改良产品	
◆ 全新的功能表现 ◆ 表现上的巨大进步 ◆ 费用急剧减少	◆ 现有产品的改良 ◆ 现有产品平台的延伸 ◆ 对现有技术形式的改良
◆ 高风险	◆ 低风险
◆ 发生频率低	◆ 发生频率高
◆ 费用高	◆ 费用低
◆ 目标是新的或现有的市场	◆ 目标是现有或相邻的市场
市场营销的主要职责	
◆ 预测市场 ◆ 创造需求 ◆ 指导市场	◆ 了解现有的市场 ◆ 满足当前的需求

在研发突破性产品的早期阶段，市场营销应该是在综合层面而不是细节中发挥作用。研究人员喜欢去问顾客想要什么，但是因为大部分顾客只能参考现有的产品框架，他们在描述自己想要的东西时，不可避免地参考了已经拥有的东西。很少人能够想象出一些全新的物品，即超出他们对现有技术的理解和经验之外的

产品。

因此，营销人员怎样了解未来销售的产品？创新管理咨询顾问及作家安东尼·乌里克（Anthony Ulwick）推荐研究人员询问潜在顾客想要什么结果。乌里克引用了Cordis（一家制造医疗产品的企业）的案例。它的员工在心脏病专家、外科手术医生以及护士中进行了以产品效果为导向的顾客访谈。访谈的重点是对动脉阻塞病人进行治疗时追求什么结果，而不是问什么功能的产品能够实现这些结果。一旦了解了这些结果，Cordis的技术人员就立刻利用他们的经验和想象力来开发能够产生这些结果的医疗产品。[1]

改良产品

改良产品（incremental product）的项目没有那么大的动作，它们通常利用的是现有的框架或技术。它们或者对现有事物进行改进，或者重新设置现有框架和技术，为其他需求服务。因此，从这个意义上讲，改良产品只是边缘创新。

举个例子，英特尔（Intel）的奔腾Ⅳ电脑芯片就是在其上一代产品奔腾Ⅲ的基础上改进的产品，因为这两种芯片使用同一种基础技术。奔腾Ⅳ芯片只是为提高性能改进了设计，而没有进行彻底改造。同样，我们正在使用的新的文字处理和电子制表软件也只是改进了性能。它们作了一些小改动，解决了存在的问题，但是和前代产品在本质上是一样的，没有产生根本上的变化（下文"产品的侵蚀问题"是从另一个角度来看待这个问题的）。

开发新的产品和服务

和突破性产品相比,开发改良产品所需的时间和资金投入较少,因为产品的核心内容并没有改变,只是为了提高产品性能或者使其更加吸引顾客,而对产品的特征作了一些改变。例如,当一家汽车制造商发布下一年的车型时,可能保留了现有车型的核心装置,只增加或改进了一些外部特征。去汽车展览厅的游客很有可能看见数字仪表盘代替了之前的仪表装置。GPS定位系统、改进的空调系统和下一代燃料喷射系统为消费者增加了新的选择。对制造商而言,这些"更新加改良"产品策略比重新生产一个新的车型更省时省钱,后者可能需要3~5年时间,并花费至少10亿美元。另外,由于改良产品服务于同一个目标市场,而这个目标市场已经被汽车制造商所了解,因此风险也会降低。

产品的侵蚀问题

在很多情况下——包括突破性产品和改良产品的情况——将一个创意商业化会侵蚀掉开发者已有的某些商业资源。例如丰田的混合动力车普锐斯(Prius)吸引了很多关心环境保护或者燃料节省(或者两者都关心)的买家。基于对汽车的积极评价和车主的积极反馈,预计之后几年普锐斯的销量将会增加。但是我们可以设想:在没有这种新的混合动力车前,购买普锐斯的部分顾客原来准备购买的是其他型号的丰田车。所以,普锐斯和已有的车型将会互相侵蚀。

当产品的研发者和管理者在评价他们的新技术和新产品时,必然会面临这种产品相互侵蚀的问题。在大多数情况下得出结论是:继续开发他们的新创意、接受侵蚀的结果是最明智的选择。如果他们自己不侵蚀,对手就会来侵蚀。

在改良产品的研发过程中,营销人员扮演了一个传统的角色,因为顾客在描述他们的需求时有一个明确的参考框架。所以,使用传统的研究方法(例如,调查研究和焦点小组)会带来很大的帮助。

你会发现追溯一下所在行业的产品发展史是很有用的。往回看10年或者更久,你能识别出真正改变了行业竞争规则的产品吗?哪些产品你认为是突破性的,哪些明显是改良的?现在看看下面的问题:

> 你了解那些将会影响你所在行业的突破性产品吗?
> 如果这些产品进入市场,它们将会怎样影响竞争秩序?
> 这些产品将会怎样影响你自己公司的产品销售和利润?

将产品线延伸到新的市场

营销人员通常乐于延伸他们的产品线。一旦拥有了一个成功的品牌,他们就会试图生产一些派生的(改良的)产品,以满足相邻市场的需求。品牌的力量能够减少延伸产品线的风险(尽管有可能会降低品牌本身的价值)。

在谈到产品线延伸时,营销人通常把它分为水平和垂直两个方向。水平产品线(horizontal product line)延伸的目的是:满足顾客的不同口味(例如,可乐、低热值可乐以及柠檬口味的低热值可乐)。垂直产品线(vertical product line)延伸的目的是:为不同

开发新的产品和服务

顾客和不同层次的需求提供产品（例如，微软的办公自动化软件有家庭版本和专业版本）。另一个垂直延伸的例子是西尔斯·罗巴克公司（Sears, Roebuck and co.），它曾经提供"好"、"较好"、"最好"三种不同层次的产品。一些公司的产品线同时向水平和垂直两个方向延伸。但是，几乎在所有情况下，产品线的延伸都是基于改良产品的研发。

阿尔弗雷德·斯隆的通用汽车公司是最有名的产品线理论实践者。在斯隆的领导下，通用制订了旨在满足不同经济层面的购买者需求的产品线规划，从低端的品牌雪佛兰（Chevrolet）——为首次购买汽车的人士准备——到高端品牌，如庞蒂克（Pontiac）、别克（Buick）、奥兹莫比尔（Oldsmobile）和凯迪拉克。通用的想法是：随着购买者越来越富裕，因为他们更加熟悉通用的产品，所以会更倾向于购买通用的高级汽车。这就是产品线的垂直延伸。通用又对每个层次的产品线进行水平延伸，如雪佛兰这一品牌，就有羚羊（Impala）、轻巡洋舰（Corvette）以及马利布（Malibu）等不同车型。现在，雪佛兰的产品线包括了卡车、小货车和运动汽车等等。

更近的例子是苹果公司对其大获成功的iPod数码播放器的垂直和水平延伸（如图8-2所示）。苹果试图抢在索尼、三星、戴尔及其他同类企业能够抗衡之前，用其独一无二的产品控制重要的市场，所以产品线的延伸规模还会增加。

无论是水平还是垂直的产品线延伸，获得收益的秘密就是其产品平台（product platform）。马克·迈耶（Marc Meyer）和阿尔

文·莱纳德（Alvin Lehnerd）描述了产品平台这个重要概念，并将它定义为"由许多子系统和界面形成的一般产品结构，通过这个结构能够有效地开发和生产一系列派生产品。"[2] 一个有活力的产品平台能够在合理的费用下，为企业提供机会，让企业面向特殊市场开发派生产品。

图8-2 苹果公司的iPod产品线，至2005年4月

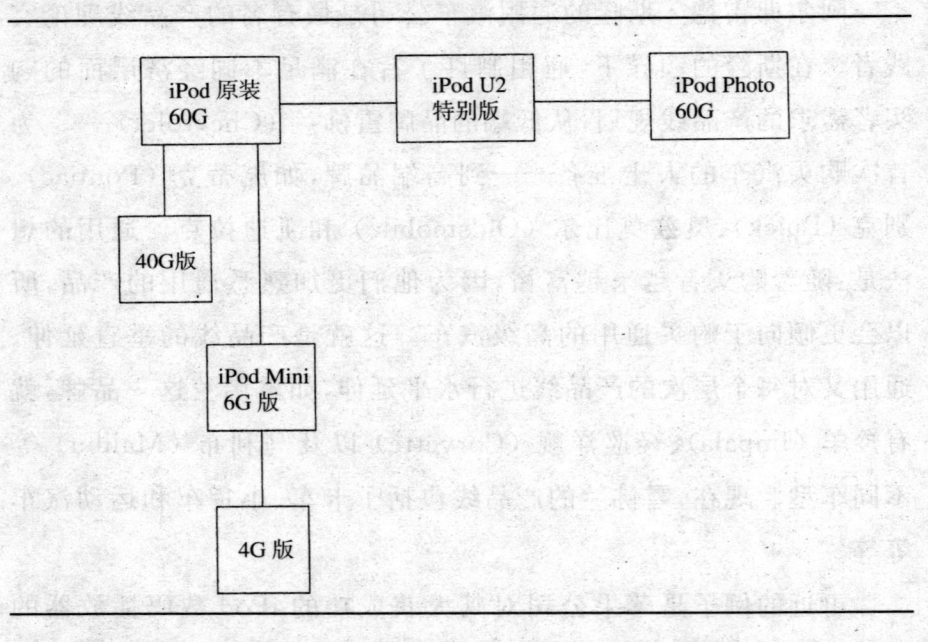

```
┌──────────┐      ┌──────────┐      ┌──────────┐
│ iPod 原装 │──────│ iPod U2  │──────│iPod Photo│
│   60G    │      │ 特别版   │      │   60G    │
└────┬─────┘      └──────────┘      └──────────┘
     │
┌────┴─────┐
│  40G 版  │
└────┬─────┘
     │
┌────┴─────┐
│ iPod Mini│
│  6G 版   │
└────┬─────┘
     │
┌────┴─────┐
│  4G 版   │
└──────────┘
```

斯沃琪手表就是在一个普通的产品平台上发展起来的成功典范。斯沃琪的产品平台由很小的一组时间控制系统通过几个电子界面联结在一起。几乎每一块斯沃琪手表都来自这一简单、便宜却能支持不同产品生产的产品平台。

产品平台的基础是简练的设计和制造能力，它能够在公司面

对不同市场时提供低成本的产品（如图 8-3 所示）。在这张图中你会看到，由普通要素组成的产品平台如何与独特要素结合，生产出满足特殊市场需求的产品（或服务）。

图 8-3　普通产品平台与不同的细分市场

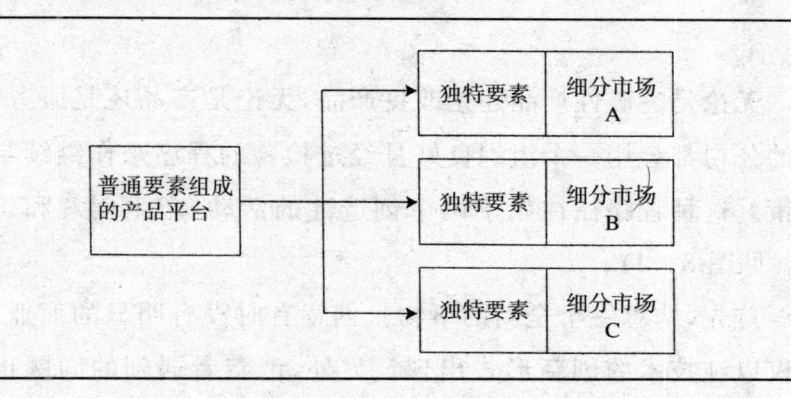

```
                      ┌──────┬──────┐
                   ┌─>│独特要素│细分市场 A│
                   │  ├──────┼──────┤
┌─────────┐        │  │独特要素│细分市场 B│
│普通要素组成│───────┤  ├──────┼──────┤
│的产品平台 │        └─>│独特要素│细分市场 C│
└─────────┘           └──────┴──────┘
```

百得公司（Black & Decker）在 20 世纪 70 年代早期进行的产品平台创新是一个经典案例。它制造了一个有电动马达和控制器的产品平台，在这个平台上生产数十种增加使用者能力的工具：电钻、磨沙机、电锯、电磨等等。得益于这个普通的产品平台以及它所带来的成本优势，百得公司在这些工具的细分市场中占据了主导地位，同时，它降低了操作的复杂性，用同一条组装线和一些标准的部件代替了专门的马达、零部件和开关。成本和零部件数量大量减少。[3] 低成本使得其产品价格低于亚洲的竞争对手，增加了自己产品的需求。

斯沃琪与百得公司的案例强调了研发人员和营销人员的合作。当营销人员发现一个有潜力的细分市场之后，他们应该同研发人员

销者百宝箱

合作,迅速开发出满足该细分市场顾客需求的产品。在上述每一个案例中,产品平台都是唯一的,但是最终输出的产品却不同。

新产品开发过程

无论是突破性产品还是改良产品,无论是产品还是服务,有经验的公司都会用一个组织良好且经过检验的程序来作继续与否的决策。这种程序往往始于两个创造性的活动:产生创意和识别机会(见图8-4)。

首先,构思一个全新的事物。创意有时没有明显的商业目的,仅仅以纯技术的创新形式出现。另外,消费者遇到的问题也会刺激创意的产生。精明的销售代表、技术支持、市场调研人员以及其他公司员工常常能够发现这些问题,并将它们视作带来利益的机会。例如,20世纪20年代,3M公司的实验室中有一位年轻的研究员迪克·德鲁(Dick Drew),有一次他去拜访位于公司总部附近的一家自动喷漆店。因为3M生产和销售砂纸,所以他此行的目的是测试一批新产品。当他进入商店时,工人们正站在一辆汽车周围,对着车身的一条蓝色条纹抱怨。问题就出在补漆的工作上。当时流行给汽车上两种颜色,但是自动喷漆工人一次却只能喷一种颜色,同时还得用强力胶带将纸覆盖住另一种颜色的表面,以免被喷到。而且很明显还有许多次类似情况:当把纸撕开时弄掉了部分新上的油漆,于是又需要不少时间来重新上漆。

图 8-4　开发新产品

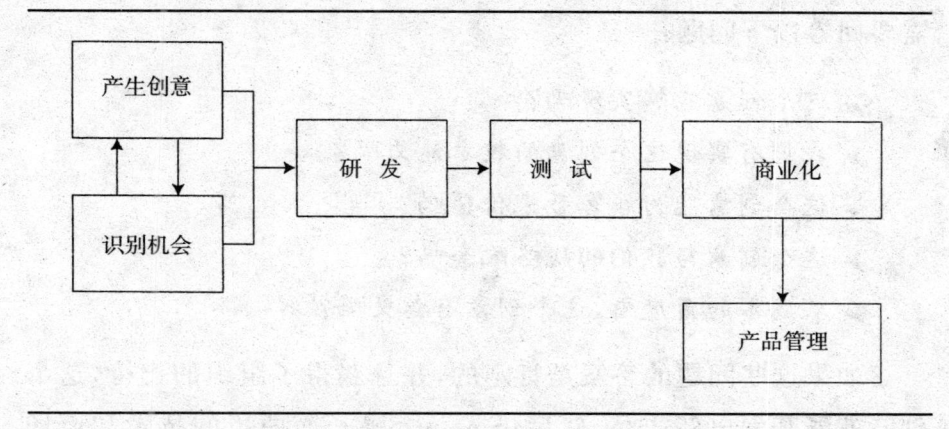

```
产生创意 → 研发 → 测试 → 商业化
   ↕                           ↓
识别机会                    产品管理
```

　　换了别人可能会说："真糟糕。"然后走开去忙自己的事——测试新的砂纸。但是他却仔细地观察了工人的难题，认识到他们需要一种粘力小一点的胶带——一种足以粘住纸、但是在撕开时又不会弄掉油漆的胶带。回到实验室后，德鲁就开始了对这种胶带的制造材料和生产程序的长期研究。经过两年多来对纸质和粘合剂的试验，德鲁终于成功地发明了这种新产品：封口胶纸（masking tape）。它给 3M 公司带来利润的时间超过了 70 年。更重要的是，它开辟了 3M 公司的胶带生意，为医疗、电子、家庭以及工业应用开发了超过 700 种的专门产品。

　　产生创意之后就要识别机会。当有人说出以下三句话的其中一句时，某个创意的机会就来了。

1．"这个创意对顾客来说可能很有价值。"
2．"如果能解决这个问题，我们就能为顾客和股东创造价值。"
3．"这个可能会大大地降低成本。"

销者百宝箱

一旦识别出某个机会,必须立即报告给决策者进行评估,同时需要回答以下问题:

➢ 这个创意能够实现吗?
➢ 我们有实现这个创意的技术能力吗?
➢ 这个创意能为顾客带来价值吗?
➢ 这个创意与我们的战略配套吗?
➢ 从成本的角度看,这个创意有意义吗?

如果这些问题的答案是肯定的,并且获得了组织的支持,这个创意就能开发出新产品,然后进入一个漫长而曲折的技术和市场测试阶段,最终实现商业化。商业化是最后的考察,顾客将对其作出最终评价。一旦新产品证明了自身的价值(大多数产品都没有),就进入到最后一个环节:在产品生命周期的各个阶段对产品进行管理。

进入这套程序的创意很少能够完成这段充满挑战的旅程并进入市场。美国博思管理顾问公司(Booz Allen Hamilton)经过研究发现:开发中的新产品有一半到三分之二没能完成这套程序实现商业化。[4]有经验的产品研发企业鼓励提出创意,哪怕有些是没有价值或者不合适的。因为它们知道,只有这样做,才能使伟大创意的源泉永不枯竭。

任何一个公司都必须有办法把好的创意和差的创意加以区分,并且对创意的研发过程加以评估。对于大多数公司来说,这个方法就是由罗伯特·库柏(Robert Cooper)在20世纪80年代发明的阶段—关卡流程(stage-gate system)。[5]这个系统的特点是:

开发新的产品和服务

具有一系列交互的研发阶段和评价"门",其作用是消除不好的创意,加快好创意实施的时间。阶段—关卡流程能够控制从产生创意直到商业化的整个过程。图8-5说明了这个体系的大致程序。下面说明其如何发挥作用。

- ➢ **阶段。** 开发过程有不同的阶段(stage)。例如,一个系统可能包括开发创意、规定技术细则、建立原型等等阶段。商业化则是最后的阶段。
- ➢ **关卡。** 相当于检查站,由拥有决策权的人决定这个项目应该:(1)否定;(2)返回作进一步的改进;(3)进入到下一个阶段。不同的关卡检查不同的项目,比如,项目是否已经越过了技术和资金上的障碍,是否已经准备好进行测试和投放市场等等。

图8-5 阶段—关卡流程

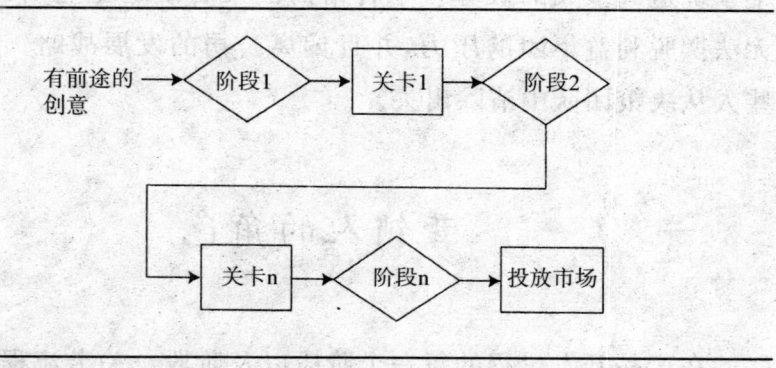

有前途的创意 → 阶段1 → 关卡1 → 阶段2 → ... → 关卡n → 阶段n → 投放市场

这样一个体系与随机、武断决策的体系相比,无疑是一个巨大的进步。而且对于产品开发者来说,这个体系也优于必须玩弄政

治手段和溜须拍马才能保证项目生存发展的体系。对于公司的好处则更多,由于科学的管理,它能阻止那些没有价值的项目继续占用和吸收稀缺资源,而将这些资源投入到有更大商业潜能的项目中去。

控制每个关卡的决策团队决定了阶段—关卡流程的效果,这些团队应该:

> 对创新和产品开发富有经验。
> 拥有某些特定的关卡要求的专业知识(例如营销和财务分析)。
> 拥有增加或者回收投资的决策权。
> 非常清楚公司的发展战略。
> 在利益集团的压力下,不受阻碍保持客观。

你能想象出不合格的决策者在各个关卡所作的决定将会对这个系统造成多大的破坏。不合格的决策者缺乏专业知识和经验,无法摆脱利益集团的压力,并且偏离公司的发展战略。必须把这些人从决策团队中清除出去。

营销人的角色

在产品开发过程的每一个阶段以及阶段—关卡流程的许多关键点上,营销人都扮演着明确而且重要的角色。表8-1总结了不同阶段自己的角色。在很多情况下,都是销售人员偶然获得了一

开发新的产品和服务

个吸引人的创意,或者是市场研究人员在组织焦点小组时发现了新的市场机会。在另外的情况下,则是由使用者,特别是领先用户识别出产品创意或市场机会。在产生创意以后,就要评价其发展机会,此时营销人又可以有所贡献。

当一个创意进入开发阶段,公司还需要从营销人员那里获得关于决策关卡的一些关键问题的答案。这些问题包括:

➢ 新产品的市场规模有多大,在哪些细分市场可能最受欢迎?
➢ 现有的分销渠道能否进入到这些细分市场?成本是多少?
➢ 必须满足哪些顾客需求,这些需求变化的速度有多快?

表8-1 市场营销在产品研发过程中的参与程度

行为	描述
初步市场评估	这种快餐式的分析通常发生在产品创意进入开发阶段之前。它能回答以下这个问题:"这个创意应该进入下一步还是下两步?"
正式的市场研究	正式的市场研究应用于大量的开发资金到位之前。
产品原型的内部试验	市场营销人员和技术员工参与。
市场测试	在某些情况下——特别是对于袋装消费品而言,营销人员利用这种方法来确定产品和价格的市场接受程度。
商业化	产品的上市基于正式和完整的市场计划。

➢ 市场能够接受的价格幅度是多大?
➢ 我们将和谁竞争?
➢ 我们怎样向顾客说明新产品可能给他们带来的价值?

销者百宝箱

大多数问题的答案都会用在商业分析和收益成本预测中,这时项目已经进入了独立阶段。

早期的市场检验

当新产品开发接近尾声时,营销人员的工作量开始加大,这时他们要寻求获得潜在顾客的反馈。虽然很多产品原型的内部测试工作在公司中进行——主要是调整外形和功能,营销人员也常常把它发放给能够保密的外部人士。他们的判断和评价将会:(1)影响是否进行下一步的决定;(2)提出修改、改进意见,使最终产品更容易被目标市场接受。或许还会邀请一些潜在顾客使用新产品并提供反馈,这个过程被称作 beta 测试(beta test)。

通用汽车公司在被称作 Impact 的全电力客车上进行了一项著名而且充满想象力的原型测试。尽管 Impact 从来没有被市场接受,但是用来测试它的方法却非常具有创造性,使得通用的工程师在消费者的态度和偏好方面获得了很有价值的见解。

正如通用汽车的首席执行官文森特·巴拉巴在《满足心理需求》(*Meeting of the Minds*)一书中描述的那样,产品测试包括两个阶段:内部测试和外部测试。在外部测试阶段,公司制造了 100 多辆原型车,通过报纸广告在美国的 12 个城市邀请人们试驾。公司的邀请很直接:我们寻找试驾人员日常使用 Impact 两周。在测试期间以及结束之后,试用者都要向通用公司的项目工程师和营销人员报告他们对 Impact 的评价和建议。但是通用并不是简单

开发新的产品和服务

地寻找驾驶者——他们要找的是"合适的"驾驶者,也就是巴拉巴所说的有创意的人、意见领袖、市场方面的专家或者是对汽车充满激情的人。

公布的结果显示:每个城市的应征者都超过了800人,仅仅是在洛杉矶,几天之内就打进了成千上万的电话。通用公司向其中6 000多人寄去了一份问卷,以区分他们是不是公司认为的有创意的人、意见领袖、市场方面的专家或者是对汽车充满激情的人。那些人的声音是通用汽车公司想要倾听的。最后,有100多人成为了所谓的"合适的人"。[6]

这些人都能免费使用Impact电动汽车,并且,就像巴拉巴所说的,都对电动汽车的改进和发展充满了热情。项目总工程师和巴拉巴以及他的营销队伍在大量反馈中发现了不少金点子和许多有利于消费者的改进。更好的是,总工程师从反馈中获得的都是未经处理的一手资料。

通用汽车公司的经验强调了产品的预投放测试中的三点重要启示:

1. 有潜在用户加入的原型测试是让顾客参与产品开发过程的重要方法。
2. 用合适的人进行原型测试。合适的人指那些有着恰当的背景和兴趣、能够提供最有价值见解的人。
3. 使用合适的人去倾听原型测试参与者的声音。让主要的营销和开发人员同测试参与者紧密联系在一起,就会更容易在浩瀚的问卷数据中发现重要的信息。

市场投放

新产品的商业化（投放市场）阶段是市场营销参与程度最大的一个阶段，尤其是对突破性产品而言更是这样。营销人员在这个阶段扮演主导角色。在某些情况下，营销人员会故意在特定地点销售产品，以测试顾客对产品的接受程度，观察人们对产品的价格和促销行为的反应。例如，一家快餐连锁店在全国范围内使用新菜单之前，可能会在达拉斯地区首先试用几个月。

产品的商业化早在正式上市前几个月就已经开始，它需要有完备的营销计划，内容包括营销组合中的所有要素——产品、价格、渠道和促销——这些都需要预算支持。

新产品策略

你公司开发新产品（服务）的方法是什么？公司是怎样成长，获取利润的？是顺其自然，还是通过组织严密的程序和成熟的战略？你的新产品是突破性的，还是改良性的？在开发新产品的过程中，你的公司是领导者、快速追随者，还是落后者？

这些都是非常重要的问题，因为它们关系到公司的未来。产品生命周期有成长、成熟以及衰退的阶段，所以如果不定期推出新产品，一个公司几乎不可能持续地增加收入（如图8-6所示）。有

开发新的产品和服务

规律地推出新产品能够弥补老产品在销量上的下滑。

图 8-6 新产品使增长继续

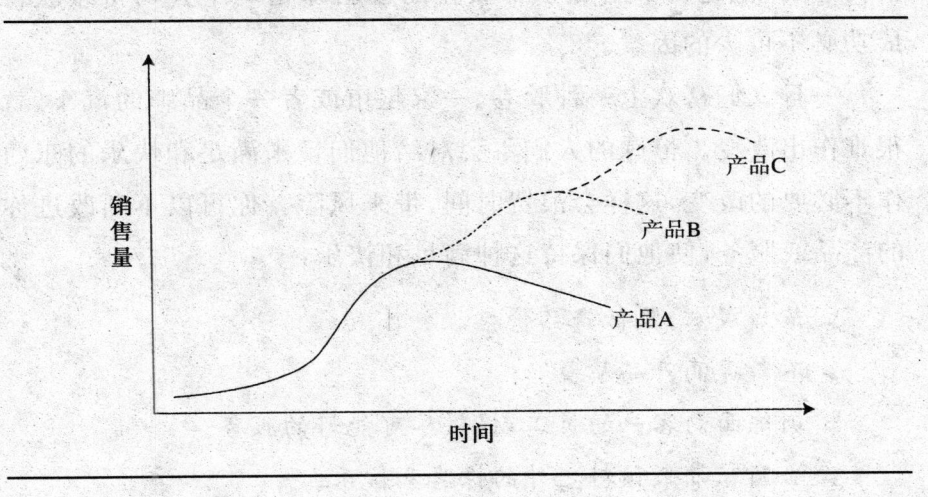

```
销售量
                              产品C
                         产品B
                    产品A
                时间
```

不能只关注新产品

没有人否定开发新产品的重要性。市场变化和技术进步迫使每个公司为消费者的问题提供新的更好的解决方案。如果它们不这样做,竞争对手就会这样做。

然而,这不能成为主管人员忽视现有产品的理由。开发新产品并将其投放市场是非常昂贵的,而且成功机会很小。相反,现有产品已经在市场中找到了自己的位置,为此付出的成本也已经成为历史。因此,有必要不断提高现有产品的需求,这样可以推迟或

销者百宝箱

者缓和进入所有产品终将经历的衰退阶段。就像帕特里克·巴维斯和肖恩·米汉在《就是要更好》中写道的:"为了创新而创新没有任何意义,但是为了增加正常收益的创新却是一个公司持续获得成功必不可少的因素。"[7]

一旦人们喜欢上一种胶卷、一家超市或者一个品牌的汽车,就很难作出改变。忙碌的人们不会对给他们带来满足和快乐的东西作不必要的改变,这样会浪费时间,带来风险。你可以不断改进你的产品或服务,使他们保持这种满足和快乐:

> ➤ 节省成本,降低产品价格。
> ➤ 不断提高产品质量。
> ➤ 训练面向客户的员工,提供尽可能好的服务。
> ➤ 给顾客带来预料之外的惊喜和快乐。

每当你做上述事情的时候,客户都能获得他们不曾预料的某些好处。除了开发新产品或服务之外,你还有无数的途径去改善客户的感受。不断的改进能让你的产品或服务"简单地变得更好",并且能够把顾客留在身边,只要你能把精力集中在客户真正关心的事情上。

花点时间想想你的顾客。他们关心什么?这一周——和之后的每一周里——你能做些什么去改善他们关心的事情?

本章探讨了新产品开发过程中的许多关键问题,并且分析了营销人员在各个阶段所扮演的角色。这些都是在现代企业中非常重要的问题,而我们在这里只涉及了一些表面内容。如果你想更深入地了解,请参阅"参考阅读"。

小　　结

➢ 新产品或服务不是突破性的就是改良性的。

➢ 突破性产品能改变行业竞争的基本规则。

➢ 当人们被问到需要什么新产品时,总是参考现有的产品框架,很少能想出一些全新的事物。因此,调查者要想方设法了解顾客看重什么样的结果。

➢ 改良性产品利用了现有的框架和技术。因此,开发这类产品花费的时间和金钱较少,市场风险也较小。

➢ 水平产品线延伸的目的是满足顾客的不同口味[如好时公司（Hershey）提供加杏仁和不加杏仁的巧克力]。

➢ 垂直产品线延伸的目的是为不同顾客和不同层次的需求提供产品（例如同一种产品有好、较好、最好三个档次）。

➢ 产品平台方便了改良产品线的延伸,并降低了费用。

➢ 新产品开发过程包括:产生创意、识别机会、研发、测试、商业化以及产品管理。

➢ 很多公司在产品开发过程中使用阶段—关卡流程剔除差的创意,发展好的创意。

➢ 营销人员为阶段—关卡流程的每个关卡提供建议和反馈。在产品即将进入或已经进入商业化阶段时,他们的工作量

销者百宝箱

会加大。

➢ 新产品开发过程昂贵而且充满风险。但是,在产品生命周期的衰退阶段,我们有必要开发新产品以弥补现有产品销量的减少以及由此带来的收入损失。公司也可以不断改良现有产品来延缓或者推迟这些损失的到来。

营销者百宝箱

9 合理定价

销者百宝箱

9 合理定价
——战略、应用及可能的陷阱

本章要点：

➢ 定价策略与企业目标
➢ 成本加成定价
➢ 撇脂定价与渗透定价
➢ 定价和经验曲线
➢ 声望定价
➢ 价格的隐性上涨
➢ 价格促销的三种使用方法
➢ 定价与顾客理解价值
➢ 产品生命周期各阶段的定价

价格是通常所说的市场营销组合 4P 之一。与其他要素相比，定价是否正确对企业的成败与否有着更强烈的影响。过高的价格会降低需求，让其他竞争者抢走顾客；过低的价格促进了销售，但却降低了单位边际利润。但问题是：什么样的价格是过高的？什么样的价格过低？什么样的价格刚好合适？答案大部分取决于价格制定者的动机和市场的承受力。

合理定价

销售商选择某种定价策略,往往是由一个或几个目标驱动。以下是一些常见的定价目标:

- **利润最大化**。这个目标既适用于短期,也适用于长期战略,但并不意味着一定要制定较高的价格。
- **销售量最大化**。这主要是生产者为了维持其生产能力的需要。
- **市场占有率最大化**。它最终会带来一些战略上的利益。
- **遏制竞争者进入市场**。带来中等利润的价格往往能够达到这一目的。
- **建立品牌的高质量或独特性的认知**。在有些人眼中,"便宜没好货"和"最贵的就是最好的"永远是真理。
- **降低主打产品的价格,以扩大销售量**。这种"亏本出售"战略会大幅度地增加客源。
- **鼓励试买**。这种方法能够有效地促进新产品和服务的销售。

本章将会分析一些定价策略及各自的优缺点,包括:成本加成定价、撇脂定价、渗透定价、声望定价、诱饵定价、价格促销以及顾客理解价值定价等等。需要注意的是:不管采用哪种定价方法,你都应该在营销计划中提出你的定价目标。我们同样还会从价格决策的角度重新审视产品生命周期理论。

销者百宝箱

成本加成定价

在一个非竞争性市场，企业可以合理地采用成本加成的定价方法，即在制造和分销产品的单位成本之上，加上一定额度或比例的加成来制定产品价格。这种形式的定价经常会出现在政府的国防采购合同中。通过成本加成定价，企业可以保证自身一定的利润水平。

在成本加成定价法中，产品的价格确定方法如下：

价格＝（单位可变成本＋单位固定成本）×（1＋加成比例）

请看以下的例子：

Gizmo 指挥系统公司与皇家空军签有提供先进的飞行导航器材的合同。在合同条款下，每件器材的价格由以下因素决定。

计算每件器材的单位可变成本（含劳动力、零件、耗电量等等），然后 Gizmo 公司的成本会计将一定比例的固定成本（工资、保险、研发、供热、债务、维护等）分摊到每件器材上。根据合同规定，在上述成本之上还要再加 15％ 的利润保证才构成最后价格，以一些具体数字为例：

单位可变成本＝＄10 000
单位其他成本＝＄8 000
利润水平＝15％

单位价格＝（＄10 000＋＄8 000）×（1＋0.15）＝＄20 700

在复杂的应用中,企业会采取基于活动的定价,将所有的成本和管理费用都分摊下去。

很少有企业采用成本加成的定价方法。在自由市场上,大部分的价格都是在与各销售商的竞争中确定的。在这些市场中,成本加成定价只能算是过去的一个遗留产物,生产者将刚生产出来的产品非常顺利地推向市场的时代已经一去不复返。现在,创新也许能造成垄断,但这些垄断都是暂时的。

目标回报定价法是另一种保证销售商利润不受竞争环境影响的方法。不同的是,这种方法确定的是生产者的资本回收。目标回报定价在竞争的环境里同样适用,前提是生产者能够调整成本结构,使得在具有竞争力的销售价格下,仍然能取得预先确定的利润水平。

撇脂定价

你是否注意过一些新问世的产品开始会以很高的价格销售,但慢慢地会逐月降低？这种定价方法在高科技领域尤为常见。这是规模经济作用的结果,当生产者扩大产能以满足需求并有效降低成本之后,产品的价格就会直线下降。

但这并非是全部原因。在有些情况下,价格的降低是因为采

销者百宝箱

用了撇脂定价（price skimming）的方法。在这种定价策略下，生产者首先从领先用户那里"撇取"高额利润，因为这些新产品对于领先用户来说是必需品。不妨回忆一下，当车载电话和手机刚刚问世的时候，有些人几乎是不惜一切代价想得到这些产品，而不管是出于实用性的考虑，还是身份的象征。

一旦领先用户的利润被赚取之后，生产者就会降低价格，开始从对产品感兴趣的消费者身上"撇取"利润。以此类推，每一次降价都会拓宽新产品的市场。音响、电子计算器、个人电脑、手机、数码相机、纯平显示器、MP3播放器等都遵循这种定价模式。图9-1形象地展示了这种定价方法。新产品的销售商首先制定一个较高的价格，吸引少量资金充足的领先用户作为第一批用户。虽然销售量相对较小，但高昂的价格还是会让卖主获利。当高端市场的利润被撇取干净后，企业通过降低价格以扩大市场，获得更多的销售量。

与此同时，企业一直在努力扩大产能，提高产出，以期获得规模经济。当单位生产成本下降时，企业就能够制定更低的价格，进一步扩大市场，吸引为数众多的对价格敏感的顾客。价格与销售量之间的关系从图中的需求曲线体现出来。这里有一个前提假设是：不同的市场对价格的反应是不同的。

撇脂定价并不永远都是一个好办法。首先，它会加剧竞争。当新产品的销售者维持高价格，以获得高端消费者的高额利润时，也为迅速跟进的竞争者以较低的价格进入市场分一杯羹创造了条件。如果真的有竞争者进入了，创新者会发现自己只占有很小的一个细分市场,并且市场即将饱和。当然,如果创新者能够取得垄断的地位,那么关于竞争者的考虑就是不必要的了。但问题是,相当一部分消费品的制造商都非常善于模仿新产品,同时又不触犯专利保护法,这是最让创新者头疼的。

图 9-1 撇脂定价

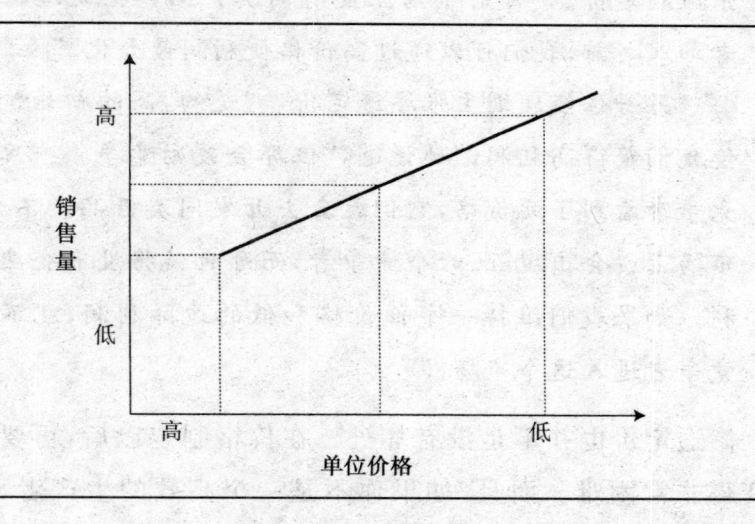

渗透定价

渗透定价(penetration pricing)是指产品(或服务)的起始价格低于供求分析指导价格的定价方法。企业采取这种方法通常是为了使产品最广泛地为市场所接受,包括那些本来不会购买的消费者,或者本来忠实于其他同类产品的消费者。

销者百宝箱

渗透定价将销售量和市场占有率最大化,付出的代价则是边际利润的下降。但较低的边际利润并不一定完全是坏事,因为这同样也降低了市场对其他竞争者的吸引力。请看以下这个例子:

McSwiggin电子公司率先开发出一种新型的工程软件。在投放市场之前,公司经理开会讨论定价策略。一位经理主张撇脂定价。"目前市场上没有同类产品,"他说道,"在竞争者加入之前,我们可以通过高价格使利润最大化。"

另一位经理则主张渗透定价。"是的,高的初始价格能够使我们获得高利润,"她说道,"但那会鼓励竞争。一旦我们的竞争者看到了此价格,它们就会去开发同类产品。不久之后,市场上就会出现五、六个竞争者,而那时候将没有企业可以获利。如果我们维持一个低价格和低的边际利润,就不会吸引竞争者进入这个市场。"

渗透定价也并不是没有坏处。在价格制定以后,再要想提价将变得非常困难。而且,如果你不是一个高效的生产者,也就是说,如果不能持续地降低生产成本,你将被永久地固定在这个低的边际利润上。信用卡公司和手机公司的发展历史还向我们指出了另一个问题:渗透定价会吸引很多买廉价物品的人,从长期来看,他们大部分都是无利可图的,而且一旦提高价格,他们就会迅速流失。

如果考虑采用渗透定价,同时就必须制定降低生产和分销成本的计划。这将是公司获得一个可观的边际利润的保证,如图9-2所示。

图 9-2　有利可图的渗透定价依赖于积极地削减成本

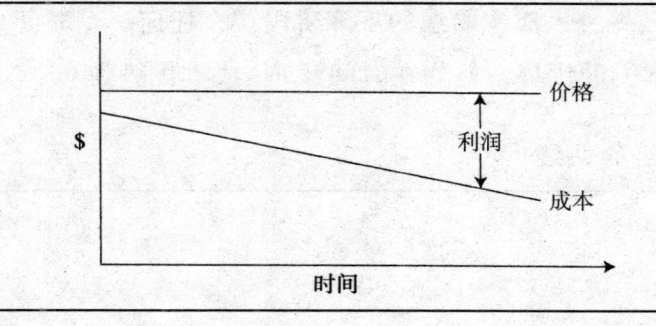

```
$ |‾‾‾‾‾‾‾‾‾‾‾‾‾‾ 价格
  |          ↕ 利润
  |＼＿＿＿＿ 成本
  |_____
         时间
```

发展经验曲线

　　在有能力降低生产成本的时候，还有另外一种定价策略也能显著地降低价格，它建立在员工重复作业所带来的熟练度提升的基础上。正如生产经理所指出的：工人做的工作重复越多，就会做得越快，同时产生的错误也会越少。举例来说，过去一个心脏手术需要八个小时，随着医疗小组经验的增加，现在只需要四个小时，而不久之后也许只需两三个小时就可以完成。当经理和员工们努力学习的时候，制造领域也会产生同样的情况。技能的提升会随着学习而到来。

　　经验曲线（experience curve）观念认为：随着累积产量的上升，单位成本将会呈下降趋势。因此，从理论上讲，一家企业应该先于它的模仿者提升经验曲线，以便能够保持成本上的竞争优势。以图9-3的两条曲线为例，公司A和公司B的初始成本和学习效率都是一

样的，它们主要在价格上进行竞争。但是 A 进入市场的时间更早，因此要比 B 先进入成本曲线的下降阶段。在任何一个时间点上对 B 都保持成本上的优势。例如在时间 T 时，成本优势为 C。

图 9-3　经验曲线

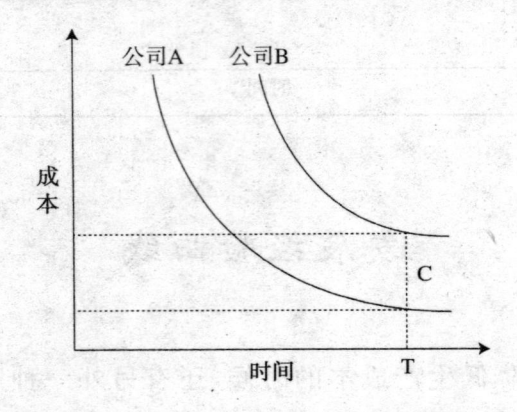

公司 A 进入市场更早，所以它的成本削减得比 B 更快，并且一直保持着成本优势。例如，在时间 T 时，公司 A 的成本优势为 C。

公司 A 拥有明显的成本优势，可以将节省的成本部分转化为降价，而同样可以获利。而且随着经验曲线的提升，它还可以继续这样做下去。而公司 B 几乎没有能力在降低价格的同时维持利润。为了继续竞争，它必须要么更快地削减成本，并接受这种永久性的成本劣势（和更低的边际利润），要么退出市场。

这种随经验曲线定价的策略一般适用于首先进入市场并拥有生产技术的企业。对于这些企业来说，这种定价工具将极大地提升产品的需求量,因为需求通常会随着价格的降低而增加。这种方法同时也能有效地遏制其他想进入该市场的竞争者,或者从后进入者那里抢夺边际利润。

声望定价

声望定价(prestige pricing)的目的是通过设定一个较高的价格,在消费者的心目中建立品牌的高质量或独特性的认知。许多人是通过价格来判断某种商品或服务的质量的。对于这些人来说,合理的价格意味着可以接受的质量;极高的价格则代表着产品或服务非常优质和独特。包装和广告都会加深这种认知,即便在许多时候这是毫无根据的。声望定价在化妆品行业应用得最为广泛。

以亚洲的某女性化妆品厂为例,2003年,该公司利用精美的宣传手册来宣传一种橄榄油护肤品,它在手册上极力赞美橄榄油对皮肤的好处,并且贴上了漂亮的模特和橄榄树的照片。这种护肤品在美国的售价是一盎司装的每瓶32美元,其实瓶子里面装的橄榄油却是西班牙一家公司贴牌生产的。

大部分消费者都没有意识到:他们可以在附近的商店以大概24美元的价格买到17盎司装的一大瓶同样的西班牙橄榄油——相当于每盎司只要1.41美元。其他同类产品也都采用同一种"原油萃取"标准(规定了不饱和脂肪酸含量和无高温加工),而且价

格还更便宜。奢侈品与普通商品的区别仅仅是它们的包装和广告。

如果采取声望定价的方法,一旦降价就会大幅度降低销售量。从这个方面来看,消费者的行为其实是背离了需求法则的。因为需求法则指出:需求会随着价格的下降而增加。

诱饵定价

诱饵定价(bait and hook pricing)指产品原件的价格很低,但是更换零配件的价格却很高。剃须刀片的定价就是一个很好的例子。

一个多世纪以来,吉列公司为其所有者赚取了大量利润,部分原因就是因为它的剃须刀片卖得很成功。吉列的剃须刀价格很便宜,但是随剃须刀附赠的刀片很少。一旦这些刀片用完了,使用者就必须到商店去购买价格昂贵的刀片。例如2005年春季,在美国大部分零售商店中都只要7.69美元就能买到吉列的最新产品Mach3型剃须刀,但是大部分男士只能使用两三个月的12片盒装刀片却要花费21.99美元。

生产喷墨打印机的厂家似乎也在使用这种定价策略:打印机非常便宜,而墨盒价格却很高。你能用不到150美元的价格买到一台高效、可靠的惠普喷墨打印机,可谓物美价廉。佳能和爱普生(Epson)同样如此。但是为这些打印机更换墨盒却是另外一回事,有的墨盒价格甚至高达52美元一个。对这些公司而言,利润来自墨盒,而不是打印机。一间很小的办公室在一年内用在墨盒上的花费也要高于用在打印机上的花费。

采用这种定价策略会带来危险,即当一家专门生产这些零配件的公司出现后,他们低价的产品就会夺走利润很高的售后服务市场,或者强迫上述厂商降低自己的产品价格。这无疑会使企业的利润流失。我们可以在现实中找到这样的例子。美国最大的办公用品零售连锁店——史泰博(Staples)就以比惠普低25%的价格提供能在惠普打印机上使用的墨盒,还有很多小公司生产填充墨盒的工具,售价只要15美元。打印机生产厂家面对这些入侵者只能采取:(1)警告用户使用假冒的墨盒可能对打印机造成损害;(2)降低自己墨盒的价格。

当你不能提升桥的高度时,就得降低桥下的水位,正如"提高价格的招数"中解释的那样。

价 格 促 销

当出现以下情况时,营销人员就会采取价格促销(price promotion)措施,即短期的针对特定产品的打折或降价。

➢ 推出一项新产品或服务
➢ 吸引其他品牌的忠实用户
➢ 必须清理分销渠道的过剩库存

销者百宝箱

价格促销常常采用优惠券的形式,减少顾客在柜台所需支付的金额。例如,一家生产包装食品的公司在推出一种新产品时,派发了价值 50 美分的优惠券刺激购买。鉴于竞争的品牌众多,新产品想要引起公众的注意,这种激励措施是必不可少的。也可以对新产品进行打折,例如美国开发出 TurboTax 软件的直觉公司(Intuit)就对购买其豪华版软件的顾客提供 14 美元的折扣。

价格促销也可以用于保护自己的市场,防止客户流失。当肖氏(Shaw's)连锁超市附近出现竞争者的门店时,它就用价格促销维持住了顾客的忠诚。例如,当马萨诸塞州东部一家很小的连锁店——购物篮(Market Basket)在塞伦(Salem)的肖氏连锁超市附近开了一家门店后,肖氏就在整个地区派发了购买 60 美元便宜 6 美元甚至更多的优惠券。当地每个家庭都收到了三张优惠券,可以在接下来的三周中使用。丝毫不用奇怪,三周的时间恰好和购物篮店铺新开张的时间一致,目的就是:在对竞争者而言非常重要而且隆重的开张期间吸引顾客,改变他们的选择。这样一来,肖氏就可以用价格促销对抗竞争者新店开张的促销活动。

提高价格的招数

一个熟识的销售经理告诉我们一个故事——关于他的前任怎样提高产品价格。"我们的主管带着一本产品目录和一枝红笔走进咖啡屋,"他说道,"他倒上一杯咖啡,浏览一遍目录,随意划掉当前的价格,写上新的高价格。"据我们所知,这家企业所处的行业需求对价格并不敏感,所以经过多年的努力,他们才成功地摆脱了这种武断的定价模式。

但是大多数行业的需求对价格都很敏感,提高产品的价格——即使是因为成本上升、通货膨胀和质量改进——应该要非常小心。许多公司提高产品价格的举动都具有隐蔽性。例如以下三个例子:

> 电影院管理部门认为看电影的人很看重票价(已经很高),它们就保持票价不变,转而提高爆米花、饮料和糖果的价格。
> 汽车制造商极度反对提高滞销车的价格,因而它们更倾向于提高工厂或者经销商能够安装的自选部件的价格,例如空调、音响和天窗等等。它也会停止像零利率贷款这样的促销手段,增大边际利润率。
> 即使是在2000年初的困难时期,航空公司也极力维持票价的稳定,只是终止了一些服务,例如免费食物。

另一个选择是公司等待它所在行业的领导者提升价格,然后就能安全地提高自己产品的价格。你所在行业的公司是如何提升价格的呢?

价格促销还可以用来处理老产品和过季产品,为新产品开辟道路。使用苹果麦金托什(McIntosh)电脑的用户肯定熟悉它们周期性的"麦金托什大促销"活动,经销商就是利用这个活动来处理过剩的存货和被新机型代替的老产品。服装商店用同样的方法处理换季的衣服。

频繁使用价格促销可能产生意料之外的后果:顾客不接受当前价格,而在下一个促销活动到来时,再购买所需的商品。还有些人则不再忠实于你,而在不同的品牌间摇摆。总的来说,价格促销的赢家是买方。一无所有的弱势品牌同样也有所收获。而已经成功的品牌则很难从价格促销中获益。

销者百宝箱

顾客理解价值:价格的最终裁决者

营销人员必须了解作购买决策的个人和团体怎样评价商品价值,因为顾客理解价值(value)是价格的最终裁决者。罗伯特·多兰用实际经济价值(True Economic Value,TEV)作为概念上的标准来衡量顾客怎样计算某种商品的理想购买价格。[1]TEV 的计算方法如下:

TEV＝最佳替代品的费用＋产品的差异价值

TEV 反映了顾客愿意为不同产品之间的差异价值支付的价格。考虑下面的例子:

海伦(Helen)需要立即从迈阿密飞往巴塞罗那,参加第二天那里举行的为期三天的生物学会议,她想参与尽可能多的活动,因此她向旅游公司询问合适的航班及其价格。

旅游公司回复了以下信息:"今晚有一班直飞巴塞罗那的航班,能够赶上会议的开幕式,价格是 1 300 美元。同一时间还有另一航班,但是需要在马德里逗留三小时,所以你到达会场时将是下午的晚些时候,这是一个经济舱位,价格仅为 600 美元。"

海伦有着明确的选择:如果她愿意晚到三个小时就能省下 700 美元。但是错过三小时的研讨会值 700 美元吗? TEV 可以回答

---------------------------------- 合理定价

这个问题：

$$TEV = 600\text{美元} + \text{产品的差异价值}$$

在这个例子中，海伦必须估算三小时会议和直航的舒适性对她的差异价值。如果这个差异价值低于700美元，那么中转航班就是更好的选择。如果等于或者高于700美元，那么海伦就会认为1 300美元的直航价格是"合适"的。

营销人员可以用同样的方法为自己产品独特的性能优势估算市场价格。例如，他们可以通过顾客调查，以某种现有产品的价格作为TEV方法中最佳替代品的费用部分，再调查出顾客对新产品独特性能的理解价值。例如，市场上五兆像素的数码相机价格为450美元，通过调查数据可以告诉营销人员同样像素的相机加上防水和抗震功能后的理想价格。用这种方法可以为公司好、较好和最好三个档次的产品线定价。

第三章介绍了一种更强大的工具——组合分析，用来确定顾客愿意为哪些方面的理解价值差异掏腰包。组合分析剖析了顾客在交易中如何作出选择。

不管采用什么途径来了解顾客的价值评估方法，你都必须认识到：价值就像美丽的标准一样，在每个人看来都是不一样的。比方说，尽管超出的三小时对海伦这样的教授来说，价值超过700美元，但是对一个假期到巴塞罗那旅游的人却未必如此。同样，防水抗震的相机对于到阿尔卑斯山徒步旅行的人来说，肯定比用来给孩子拍照的人价值更高。因此，如果你想对顾客理解价值进行调查，就必须明确目标市场。

销者百宝箱

定价和产品生命周期

从战略的角度来看,产品生命周期理论为定价决策提供了一个思考框架。回忆图1-3中产品生命周期的四个阶段:导入期、成长期、成熟期和衰退期,每一个阶段都为定价提供了机遇和挑战。

导入期

在这个阶段,定价决策较为困难,尤其是如果暂时处于垄断地位,定价可能非常困难。此时,因为缺乏直接的竞争者而没有参考的价格基准,并且对消费者的价格接受程度和敏感性一无所知。当然,可能有间接的竞争者(替代品),可以将其作为定价的出发点。

当知道了最佳替代品的价格,但不能确定新产品的差异价值时,我们就应该回到总经济价值的方程。顾客会因为缺少价值标准而无法估计新产品的价格,这时你就可以采用以下的定价策略:

➢ **撇脂定价** 有些人乐于为新的和独特的产品支付高价。当然,就像前面所说的,这个定价策略是短期的,并且包含一定的风险。

➢ **渗透定价** 低价能带来三方面好处:(1)树立自己市场占有率最高的地位;(2)阻止竞争者进入市场;(3)建立更广

合理定价

泛的产品需求。

> **成本加成定价** 在垄断阶段,生产者可以自己确定价格,成本加成定价就是其中的一种定价策略。然而,一定要记住:产品的垄断总是暂时的。

导入期的定价决策不仅困难,而且极端重要。新产品在导入期如果定价过高,无异于将它扼杀在襁褓之中,许多员工在研发阶段长时间的工作成果将化为乌有。

成长期

成长期的特点是销售量增加,消费者的兴趣增强。在这种情况下,该如何定价呢?如果竞争者没有出现(而这几乎不可能),那么撇脂定价就是合适的选择。所有富裕的领先用户在导入期都已经被榨取利润了,所以现在必须逐步降低价格,吸引其他对价格更加敏感的顾客。

经验曲线已经发挥效用的制造商也乐于在这个阶段降低价格。这样就可以在扩大销售的同时保持利润,还可以限制后进入的竞争者。这些后进入者中的一部分要么亏本经营,要么退出市场。

成熟期

进入这个阶段的产品在销售上的增长已经趋于平缓,剩下的

竞争者开始试图对自己的产品进行差异化。在这个阶段,销售商开始发展产品的不同版本,以针对不同的细分市场。价格是其中一个重要的因素(例如,通过产品线延伸开发出好、较好、最好三类产品,并给它们定价)。

衰退期

这个阶段的竞争变得很艰难。这也许是因为更优秀的替代品出现或者市场趋于饱和,产品大类的总需求开始明显下降。因而,你可以清楚地看到:自己产品的销售量也在不断减少。部分公司将完全退出这个领域,留下来的公司则会试图争夺竞争者的业务。

每个公司都想从收缩的市场上尽可能多地获利。这时候的定价策略有:

> 降低价格,但同时要努力削减成本。如果成功地削减了成本,则能维持一个可观的边际利润。

> 提高库存量少的产品的价格。看上去这会吓跑所有顾客,但实际上仍然能留住少数依赖这些产品的顾客,特别是一些替换的零部件。采用这种策略的销售商希望用高价来弥补销量下降带来的利润损失。当库存清空时,这条产品线就会被终结。

定价是市场营销战略最为关键的要素之一。你的公司如何作出价格决策?这些决策是否与产品在生命周期中所处的阶段相适应？最可靠的定价方法是想顾客之所想，因为他们在比较了竞争者和替代品之后对你公司产品的评价是最有价值的东西。

小　　结

- 价格策略通常是为了某一特定的目标：利润最大化、销售量最大化、市场份额最大化等等。
- 成本加成定价只适用于没有竞争的市场。
- 撇脂定价最初制定较高的价格，它的目的是从少数必须购买这种产品或服务的顾客身上谋取高额利润。一旦这部分顾客的需求得到满足，就可以大幅度地降价，以吸引对价格更敏感的其他顾客。
- 渗透定价最初制定较低的价格，目的是获得最大的市场份额。低价不易吸引潜在的竞争者，但是也导致了较低的边际利润。
- 经验曲线反映了生产者随着产量的增加而降低成本和节省时间的能力。与后进入者相比，获得经验曲线的企业具有成本优势，即使降低价格也能持续赢利。
- 声望定价的目的是用高价在消费者的心目中建立起对品牌的高质量和独特性的认知。
- 诱饵定价即给产品原件制定较低的价格，但是替换的零配件价格却较高，例如剃须刀片、墨盒等等。因此，它有时被

销者百宝箱

称作是剃须刀片定价策略。这种定价策略的威胁是：可能出现一家专门生产这些替换零配件的公司。

➢ 除非市场领导者也提价，否则在一个高度竞争的市场环境中，提高产品价格是很危险的。安全的做法是保持产品价格不变，提高维修和替换零配件的价格。停止零利率贷款和免费服务也是不会引起消费者注意的提价方式。

➢ 价格促销大多用于：推出新产品或服务时；试图吸引其他品牌的用户时；清除分销渠道中的存货时。

➢ 在一个自由、开放的市场中，顾客理解价值是价格的最终裁决者。

➢ 在产品生命周期的不同阶段，定价面临着不同的挑战和机遇。

营销者百宝箱

10 整合营销传播

销者百宝箱

10 整合营销传播
——创造性、一致性和有效的资源分配

本章要点：

➤购买决策的六个步骤

➤主要传播媒介的特性

➤营销传播的 6M's

➤整合营销传播的指导方针

如何让目标顾客知道产品，进而产生兴趣和信任，以致愿意掏钱购买——这是经理们不得不一直面对的挑战。多年以来，营销人员为了达到这个目的使用了各种各样的营销传播形式：媒体广告、人员推销、直接邮件广告等等。最近，网络营销又成了这个传播组合的新成员。

由于现在人们从大量的信息源接收到大量的信息，经理们又面临着一个新的挑战：在每个顾客接触点上传达连续一致的品牌信息。应对这个挑战的解决方案是一个战略流程，即我们通常所说的整合营销传播（integrated marketing communications，IMC）。整合营销传播的目的是利用多种营销传播方式，创造消费者对公司产品或服务的认知，告知消费者产品或服务的属性和利益，并且驱使他们作出购买行为。上述多种传播方式必须是连续一致并且相互补充的。

本章将解释整合营销传播的目标,并描述实现整合营销传播的六个步骤。同时也给出了对多种营销传播媒介的一般看法,并指出它们在两个重要维度上的差别。经理们所面对的巨大挑战是如何在这些传播工具之间分配稀缺的营销资源,并保证它们按照协调一致的方式发挥作用。

营销传播的目标

营销传播的最终目标是驱使人们作出购买行为。但是和大多数目标一样,它只有通过一些步骤才能实现。你可以参考如下的步骤:

1. **提高知名度。**人们不会购买他们完全不知道的产品或服务。因此,各个公司都在竭尽全力地提高知名度。例如,当初美铁(Amtrak)开通其波士顿到纽约的阿塞拉快车(Acela Express)时,介绍这项新式高速服务的广告覆盖了两个城市所有的电台和报纸。
2. **提供信息。**这个步骤包括提供产品或服务的特征信息。产品是什么?它能做什么?美铁描述了阿塞拉快车的舒适性和时间表:供笔记本和 DVD 播放机使用的电源插座、可调式照明、会议桌、餐车。"列车在波士顿南站的发车时

间为……"

3. **创造良好的印象。**人们购买的不是产品特征,而是利益——能够使他们的生活更美好、能解决麻烦或者省钱。阿塞拉快车引以为豪的是,它能够为顾客带来两种利益:让乘客舒舒服服地从一个城市中心到另一个城市中心;让乘客在旅行中仍然可以高效地工作。

4. **在顾客心目中形成偏好。**"乘坐阿塞拉快车,您将从喧嚣的机场、狭窄的座椅、长长的安全线、天气延误和航班取消的烦恼中解脱出来。"对于很多往返于波士顿和纽约、忙得透不过气的商务旅行者来说,这个定位使铁路旅行胜过了航空旅行。

5. **创造购买意向。**如果营销人员很好地完成了以上步骤,顾客就会下定决心购买产品或服务。"下个月我要去纽约开会,这次我要试试阿塞拉快车。"

6. **完成销售。**如果其他所有步骤都已经完成,潜在的顾客就会变成现实的顾客。

这是引导购买的典型步骤。而另一种方法就是利用市场调研将目标顾客进行分类:(1)不知道我们产品的顾客;(2)知道但是认为我们的产品与其他产品类似的顾客;(3)倾向于我们产品的顾客;(4)如果今天购买就会选择我们产品的顾客;(5)购买我们产品的顾客。

无论采用哪种步骤,整合营销传播的工作都是驱使目标顾客形成购买产品或服务的行为。

传播媒介

对于预算充足的营销人员来说，营销传播媒介的选择面很广：电子媒体（电视和广播）、平面媒体（报纸和杂志）、直邮广告、电话营销、人员推销和网络营销。甚至公共关系都可以作为与现有和潜在顾客沟通的一种手段。

作为一个消费者，你肯定对这些方式都非常熟悉。据估计，美国的一个人一天之内能接触到1 500~1 600条商业信息：电台和电视广告、早报广告、高速公路旁的广告牌、信件里的邮递广告、电话营销者的来电、网页条幅广告，甚至当走出地铁站时都会有人向你推销伪造的劳力士表。当前营销传播混乱的影响是如此之大，以至于人们已经学会了屏蔽大部分的商业广告。大概只有5%还能被注意到。当具体到某一项确切的销售时，这个比例甚至更小。

你如何跳出这个混乱的局面，并驱使潜在目标顾客在购买决策程序上走得更远——由知道到最后的购买？这是所有与销售和广告有关的人员都必须回答的问题。

从概念上讲，我们可以通过两个维度将营销传播媒介进行分类，如图10-1所示。纵轴为第一个维度，关于目标选择和定制化。这个轴的最顶端代表能让你完全了解潜在顾客需求和兴趣的营销传播。将木工工具直邮目录寄给北美木工联盟成员就是高指

销者百宝箱

向性和定制化营销传播的一个典型例子。另一个例子是推销员对汽车部件采购经理的拜访。

图 10-1 传播媒介

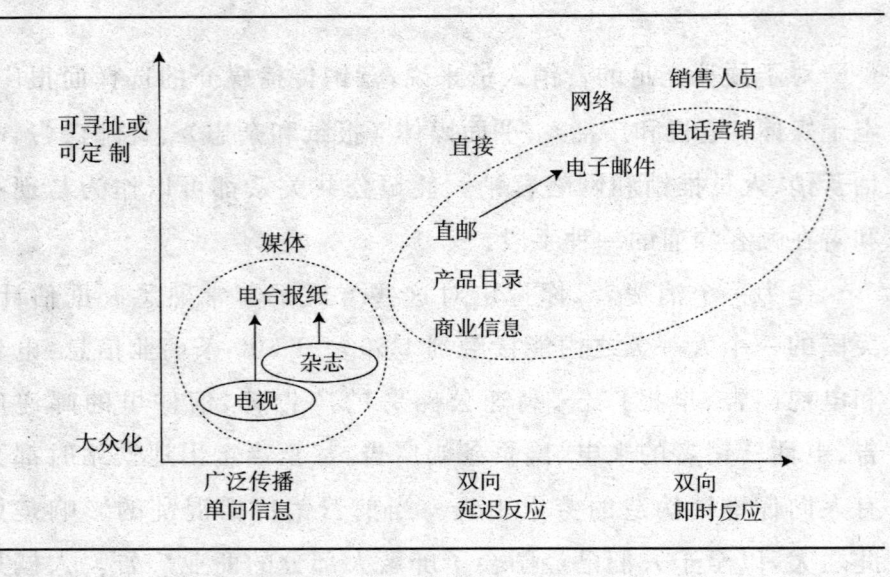

```
可寻址或
可定制 │                                         销售人员
       │                                   网络
       │                          直接           电话营销
       │                                    电子邮件
       │                          直邮
       │           媒体
       │                          产品目录
       │        电台报纸           商业信息
       │          杂志
       │        电视
大众化  │
       └──────────────┬──────────┬──────────┬────
              广泛传播         双向          双向
              单向信息         延迟反应      即时反应
```

资料来源：Robert J. Dolan "Integrated Marketing Communications," Note 9-599-087（Boston：Harvard Business School），revised June 1,2000，4。经许可改编。

　　这个轴的另一端代表了大众化的营销传播,例如在世界棒球大赛决赛期间播放的电视广告。那个广告会被上百万的人看到,这是一个未经区分的混杂群体。鉴于操作上的问题,这种商业广告无法针对个别观众或者定制化。

　　现在看一下横轴,它被划分为单向传播、双向传播和一个中间部分。电视广告是严格的单向信息,它仅仅只能传递产品的特色和利益。而推销员与采购经理的会面则是一种双向沟通,推销员可以描述他的商品,购买者可以描述他的特殊需求和对价格及条件的限制,还可以询问一些更具体的信息。推销员和购买者能够谈判,或许最后还能直接达成交易。这种双向沟通在推动购买者完成购买程序的最终行为方面非常有效。

注意单向传播和双向传播中间的部分。从图上我们可以看出这部分包括网络营销传播、直邮广告和电视商业信息片。这些传播方式同时含有单向和双向营销传播的一些特征。例如,你收到了 L. L. Bean 的产品目录,这本来是一种单向传播,但是你可以拨打目录上每页都有的 800 免费电话向销售代表咨询自己感兴趣的产品。

公共关系什么时候适用

公共关系(public relations,PR)是营销传播的一种形式,旨在提高公众对于一个公司及其产品或服务的知晓、了解和好评。公共关系工具包括发布新闻、领导讲话和公共服务活动。跟营销传播的其他形式不同的是:公共关系利用免费的渠道。因此,你无法控制公共关系努力的结果。如果你购买了《福布斯》(Forbes)的半页广告,你能够控制广告刊登的时间和内容。然而,宣布开发了一款新的速度更快的电脑芯片的新闻稿可能不被新闻媒体接受,即使接受了,文章也未必像你希望的那样吹捧你的芯片。

公共关系在营销传播中的基本作用是:在一般公众中树立公司的良好形象,并且期望能将这种形象添加到公司的产品或服务上去。

选择合适的传播媒介

就现有的多种传播媒介而言,从它们各自的特性来看,哪些适用于你的产品或服务?这里我们给出选择传播方式的两条建议。

第一,考虑潜在顾客正处于购买程序的什么位置。他们了解你的产品或服务吗?如果了解,他们对你的产品和服务能够带来的利益知道多少?对于了解上述信息的人来说,你处于他们首选的位置,还是排在竞争者之后的第二选择?

可能的情况是:你会发现潜在顾客处于购买过程的各个阶段,虽然他们有可能聚集在某些特定点周围。简单地了解潜在顾客处在什么位置能够帮助你决定采用何种传播媒介来传递信息。例如,如果产品是针对高尔夫球爱好者的,并且目前的主要问题是提高知名度,你可能会考虑在有线电视的高尔夫频道做广告,或者在高尔夫杂志上刊登平面广告。这些媒体能够为提高知名度和创造品牌认知提供机会。

如果你的受众具有高度的针对性,而且大部分潜在顾客都接近购买过程的末端,人员推销通常是推动他们朝着最后交易前进的最有效方式。例如,假设某燃料注射器的制造商获悉:它的产品在一个引擎制造商采购经理的三个候选商品之内,一个推销电话会是获得订单的最佳方式。

第二,尽可能使用针对性强的传播媒介。除非你的产品或服务的目标受众是广泛的各种各样的公众群体，否则，就应该使用潜在顾客能够定制的单向或双向传播媒介。这种方式能够用最少的钱获得最好的效果。B2B 市场上的企业应该将其最大份额的营销传播资源投入到具有针对性的媒介上去。

综合考虑

作为营销人员，你面临着通过沟通驱使顾客购买的挑战。在这样做的同时，你应该谨记下面的 6M's：[1]

1. **市场（Market）**。你向谁传播信息？记住，市场不仅包括最终顾客，还包括销售产品的零售商或中间商。
2. **使命（Mission）**。营销传播的目标是什么？
3. **信息（Message）**。你必须传播的明确要点是什么？最终顾客可能只对产品特征和获得的利益感兴趣；另一方面，中间商对交易的条件、运输的可靠性、数量折扣和你激发需求的广告努力更感兴趣。
4. **媒介（Media）**。你应该利用哪种媒介来传递信息？单一媒介往往是不够的。
5. **资金（Money）**。营销传播的预算是多少？
6. **评测（Measurement）**。你如何评价营销传播的影响？如果方案含有可测量的结果，管理层在分配预算时会更加慷慨。

销者百宝箱

第四个要素——媒介需要我们进一步讨论。在很多情况下，你的营销传播会针对多个市场，包含多种传播媒介。事实上，你可能需要不同的信息和不同的方式与处在购买过程不同阶段的人沟通。为了充分理解为什么通常需要多种传播媒介，我们考虑以下这个虚构的案例：

宝贝熊糖果公司（Dearie Bear Candy Company）利用大众媒体广告、直邮广告、全国各地的销售代表和网站来对其目标市场进行营销传播。同时它的公共关系部门也参与行动。

该公司的电视广告通常在各种节日和特殊事件——主要是复活节、母亲节、万圣节和圣诞节之前几周抢先播出，这些时候人们会购买糖果。这些广告通过赞美宝贝熊糖果的优点激发需求，并告诉观众他们能在"任何出售优质糖果的地方"买到公司的产品。在电视广告播出之前，该公司的销售代表忙于拜访超级市场、便利店、大众市场零售商店和大型糖果商店。他们想要确保零售商有足够的存货满足电视广告所创造的需求。这样，广告和人员推销便结合在了一起，并且各自针对不同的受众。同时，位于公司总部的另一个销售团队正与非赢利组织合作，这些组织将宝贝熊糖果纳入到它们的基金筹集活动中。

宝贝熊糖果公司在一年内还要向其邮寄名单上的顾客寄出100 000份产品目录和直邮广告。这些广告鼓励零售商通过公司800电话的销售访问或者从充满艺术气息的网站再次订货。

公司的公共关系部门从不放过任何机会,定期发布公司向退伍军人医院以及全国的慈善机构捐赠糖果的新闻稿。这些新闻旨在创造公司及其产品的品牌认知度和正面的公众形象。

在这个案例中,该公司利用大众市场广告提高知名度、形成产品偏好并驱使顾客去商店购买。但是,它还使用了更多具有针对性的双向营销传播,以确保商店有足够的存货来满足顾客需求。

管理的挑战

在整合营销传播上,营销经理们面临着两个重大的挑战:(1)找出能将支持品牌建设的财务资源合理分配的最佳方式;(2)协调支出,以保证每个顾客接触点都传达连续一致的信息。

在较简单的时期,品牌经理们可以将其预算的大部分分配给广告或者媒体代理,再将剩下的预算集中在内部控制的促销上。而现在,由于分销渠道和顾客沟通媒介的数量和种类急剧增加,经理们必须在所有接触顾客的活动上优化资源分配,包括包装、销售地点展示和促销、网络销售及广告代理工作。他们也许会被品牌顾问、直销代理、电子商务顾问和售后服务部门各自的建议弄得晕头转向。

经理们还必须保证这些活动以一致的方式向顾客展示商品。最糟糕的事情可能就是:电视广告宣称公司的谷类产品是适合成

销者百宝箱

人口味的健康选择,而同时设计公司却正在开发使产品看起来更像儿童食品的包装盒。这种不一致的行为会使顾客迷惑,并损害公司的品牌。

避免不一致的一个实用方法就是:从消费者的角度来审视公司的整合营销传播规划。针对顾客的信息是否创造了一个清晰、一致和有吸引力的产品形象?产品的有形特性、销售地点展示、媒体广告和直邮目录看起来是否一致?它们之间能否起到互补作用?苹果电脑——在一项调查中被评为北美最强大的品牌——在这方面提供了一个极佳的榜样。公司产品的形状和触感、公司标识和每一则广告都会告诉你:"这就是苹果",一点误解都没有。这就是营销传播需要达到的程度。

小　　结

- 整合营销传播(IMC)是在每个顾客接触点传达一致的品牌信息的战略过程。它的目的是:利用多种营销传播方式去提高公司产品或服务的知名度,让顾客了解产品或服务的特色和带来的利益,并驱使他们形成购买行为。
- 有效的整合营销传播能提供一致和互补的信息。
- 营销传播的目标是:提高知名度、提供信息、创造良好的印象、在顾客心目中形成偏好、创造购买意向和完成销售。
- 从两个维度去思考传播媒介非常有用:有针对性还是分散

的,单向还是双向的。
➢ 选择传播媒介时,需要考虑潜在顾客处于购买过程的哪个阶段,然后尽可能使用针对性强的媒介。
➢ 营销经理应该：(1) 找出能将支持品牌建设的财务资源合理分配的最佳方式；(2) 协调支出,以保证每个顾客接触点都传达连续一致的信息。

营销者百宝箱

哈佛商务指南

营

销者百宝箱

11 互动营销

销者百宝箱

11 互动营销
——新渠道、新挑战

本章要点：

➢ 电子商务的增长趋势

➢ 电子邮件营销活动和最佳实践方法

➢ 网上交易的最佳实践方法

网络营销（internet marketing）是指通过网络进行宣传和销售产品或服务给个人、企业、非赢利组织或政府的任何行为。营销的传统结论在网络营销中同样适用。和非网络的营销方式一样，网络营销商家必须对产品、价格和促销给予同样的重视。他们也必须思考市场细分、目标市场选择、市场定位、认知创造、吸引人流和激励购买等深刻的问题。

正如一位网络营销专家所说的：网络营销是"一项把许多日常和简单的事情做好的苦差事，这些事情关系到如何提供更有用的帮助，如何使一个网站更加方便、快捷。"[1]网络营销与传统营销最大的区别是"渠道"，因为网络代表了一种新颖、独特的分销渠道。本章主要研究网络营销的两种主要形式：电子邮件和网上交易。

不断增长的在线销售

近年来,个人消费者和企业用户的在线销售得到了极大的增长,而且根据预测,这种增长还将继续(见"在线零售增长最快的领域")。在零售方面,2004年美国在线零售的销售额超过了890亿美元——其中260亿美元产生于圣诞节假期——纽约木星研究所(Jupiter Research)预测这种销售会以17%的年复合增长率持续增长到2008年。其他机构预测的增长率则比这还要高。好像为了使人们确信这种乐观的前景似的,根据美国商务部的报告,2005年第一季度的在线销售比2004年同期增长了24%。

在线零售增长最快的领域

在Forrester Research受Shop.org(国家零售联盟的一个单位)委托所进行的一项研究中,预测了2005年在线销售增长最快的零售业务种类。

	预计增长率	预计销售总额
旅游	20%	628亿美元
卡片和礼物	30%	48亿美元
化妆品和香水	33%	16亿美元
珠宝和奢侈品	28%	32亿美元

资料来源:Mylene Mangalinda, "Online Retail Sales Are Expected to Rise to $172 Billion This Year," *Wall Street Journal*, May 24, 2005, D5.

销者百宝箱

尽管2004年的在线销售只占当年美国零售总额的5%，但是考虑到网络对购买行为影响的话，那也许不足以说明问题。人们普遍相信：实体零售店30%的销售总额受到了通过网络进行的购前研究的影响。换句话说，成千上万的消费者在进店购买前都会通过网络来获得信息、阅读商品描述和评论，并进行同类商品的价格比较。[2]

这种状况也同样反映在企业间的交易（business-to-business，B2B）中，现在数十亿美元的交易是通过网络（通常是网上拍卖）达成的。通过激烈的投标竞价，供应商努力争取获得向制造商提供从原材料到成品、部件的任何东西的机会。

在线销售额的增长是多个因素共同作用的结果。第一，网络用户每年都在增长，而且他们越来越习惯于比较产品和价格以及下订单；第二，一旦他们获得了通过网络购买商品的成功体验，他们就会更多地采用在线购买；最后，越来越多的公司正在创建电子商务网站，并开展电子邮件营销运动（见"商家正在大规模投资"）。

网络营销对卖家有很多益处：

> 消除了地理边界。实体店卖主的销售范围限制在了一定行车距离以内的消费者。对于那些可以下载或运输方便的产品，网络将其市场范围扩大到了世界上任何地方的消费者。例如，一家高档汽车的卖主从前的销售被限制在它的洛杉矶代理商的范围以内。而现在，几千英里以外的购买者都可以通过eBay的网上拍卖购买它的汽车，有些交易的数额

甚至超过了 60 000 美元。
- 网络用户的家庭收入高于平均水平,这是很多商家重点关注的人群。
- 通过网络接触潜在顾客的成本较低。通过电子邮件接触消费者的单位可变成本大约为两美分,而通过直邮达到同样效果的成本则是使用电子邮件的 25～50 倍。电子邮件的低接触成本使商品能够以低价销售,特别是如果这些商品能够直接被消费者下载。
- 互联网是与顾客沟通并维持长期关系的一个便利媒介。

商家正在大规模投资

网络营销在上世纪 90 年代末非常热门,但是随着互联网泡沫的破灭,人们对它的兴趣也在削减。至少你在了解了营销科学协会(Marketing Science Institute)的议事日程后会得到这样的印象。这个组织每年都会要求它的从业成员向它的学者成员提供所需研究的营销领域。就在互联网泡沫破灭的前一年,网络营销还排在议事日程的最前面。但是 2000 年以后,网络营销甚至无法进入前 10 位。

但是,这里存在着矛盾。根据伦敦商学院公布的 MET 报告上的数据来看,网络营销的投资还在继续增长。2003 年这项投资占了营销投资总额的 7.7％,而据预测 2004 年这个数字将会上涨 11.6％——至少是其他营销活动(媒体广告、直邮等)投资增长率的三倍。MET 报告总结说:"互动营销最近正在加快增长,而且可能会长期持续下去。"

因此,即使这种营销形式已经达不到最初的繁荣,但是对它的投资却没有停止。这并不奇怪,因为人们在上网的这段时间无法接触其

他媒体，而这些其他媒体却是商家传统上大量投资的地方。例如，BURST! Media 在 2005 年的研究中指出：网络用户用在网络上的时间比用在其他媒体上的时间要多。大约 35% 的网络用户说他们看电视的时间减少了，超过 30% 的网络用户说他们用在阅读报纸和杂志上的时间减少了。

资料来源：Partric Barwise，Alan Styler，"Marketing Expenditure report predicts spending upturn and increased reliance on interactive media"，London Business School，16 December 2003，www. london. Edu/assets/documents/PDF/MET_Report_Exec_ Summary _2. pdf "Statistics：U. S. Internet Usage，"www. shop. org /learn/ stats_ unnet_ general. asp。

电子邮件营销

电子邮件营销（E-mail marketing）是向现有和潜在顾客传递信息的一种低成本方式。这些信息的传递可能有多种目的：

➢ 实现销售。
➢ 维持同现有顾客的关系。
➢ 驱使消费者访问卖主的电子商务网站或者实体商店，以完成销售。（一位受访的卖主说，平均一个月有 30 万人访问了他的网站，其中很多就是电子邮件驱动的结果。而这些个人消费者在一年间总共购买了 1 000 万美元的产品。）
➢ 通过名称识别建立品牌。
➢ 让小部分潜在顾客试用商品。

➤ 通过要求潜在顾客单向确认（opt in），以获得他们的姓名和电子邮件地址。

一个设计良好的电子邮件营销活动能够同时达到很多目的，而且能产生极好的投资回报。例如美国联合航空公司（United Airlines）向它的飞行会员发送其价格的每月更新情况，这不仅节约了印刷和邮寄成本，而且提醒消费者："我们在这儿，并且希望继续为您服务。"电子邮件同样可以用来宣布新的航线（"介绍我们的芝加哥—慕尼黑航线"）、新的服务以及特别活动（"获得1 000英里的奖励航程"）。一个显眼的链接可以把好奇的访问者带到"我的额外里程数"，在那里，访问者可以看到更多的公司声明和特价服务信息。从站点上还能够很容易地点击进入联合航空公司的主页和预订页面。

名址是关键

在电子邮件营销者必须做好的事情之中，建立一个最新的适宜人群名单可能是最重要的。"适宜人群"指对所售商品或服务感兴趣并且具有购买能力的人群。建立这样一个名单有两种方法：单向确认和购买列表。

单向确认。建立上述名单最先和最佳的方式是：鼓励现有顾客和网站访问者进行单向确认。用网络商务的行话来说，一个人在注册免费邮箱或者免费时事通讯时会进行单向确认。单向确认可以通过在公司主页上的布告来执行，如图11-1所示。

销者百宝箱

图11-1　单向确认的网页布告示例

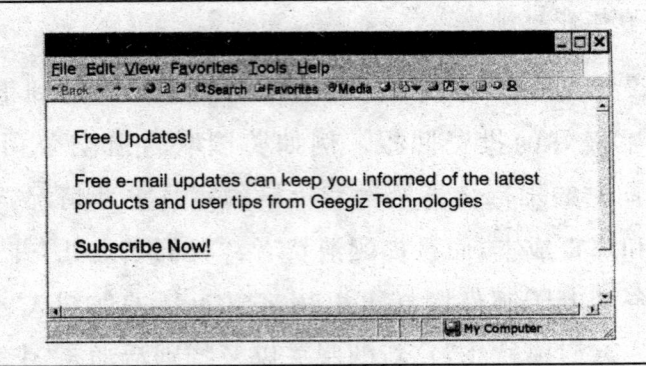

```
Free Updates!

Free e-mail updates can keep you informed of the latest
products and user tips from Geegiz Technologies

Subscribe Now!
```

点击"立即签署"（Subscribe Now!）字样，访问者便被链接到另一个主页，这个主页需要他们提供姓名、邮寄地址、电子邮箱地址和对将来的电子邮件信息的偏好（见图11-2）。

图11-2　签署网页示例

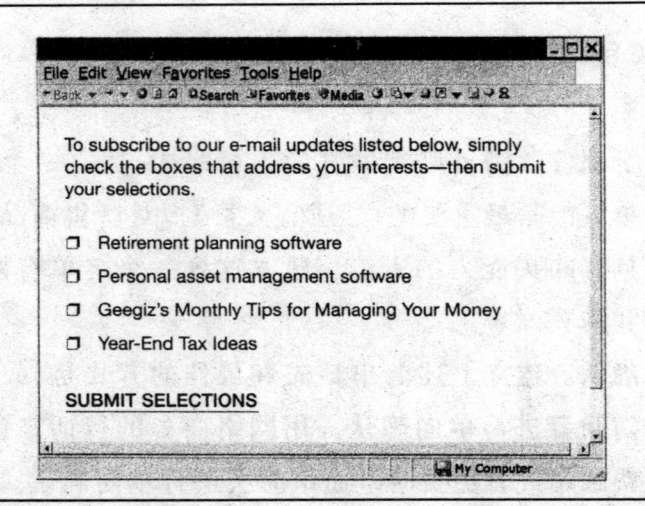

```
To subscribe to our e-mail updates listed below, simply
check the boxes that address your interests—then submit
your selections.

  ☐ Retirement planning software
  ☐ Personal asset management software
  ☐ Geegiz's Monthly Tips for Managing Your Money
  ☐ Year-End Tax Ideas

SUBMIT SELECTIONS
```

提供了名址（最好还有购买兴趣）的潜在顾客对于意图建立一个有效的顾客名单的营销者来说,价值就像金子一样。然而,只有当顾客提供一些有价值的东西的时候,才能获得下列信息作为回报:用户提示、相关的制作精美的时事通讯或者其他类似的东西。

购买列表。你也可以从专门机构或者对你的产品感兴趣的成员组织购买姓名和电子邮箱地址来建立电子邮件名单。但是从直邮广告中可以看出,购买名单的质量通常都很低,因为很少有组织愿意跟其他公司分享高价值顾客的信息。而且因为人们经常更换他们的电子邮箱地址（比邮政地址的更换要频繁很多）,购买名单很可能会过时。因此,要想建立高质量的用户列表,最好的建议还是自己搜集顾客名址。

关于垃圾邮件

从 1937 年——荷美尔（Hormel）发明罐装午餐肉的时间——到前些年,"spam"指的是装在 12 盎司铁罐里的五香猪肉。但在电子邮件时代,"spam"有了新的含义:那就是既不合要求又不被邮件接受者和正规电子邮件商家欢迎的不请自来且不需要的电子邮件。这些垃圾邮件大部分是利用计算机自动程序群发的,而且经常来自于诈骗高手。据估计每年大约有 20 亿封的垃圾邮件。根据英国反垃圾邮件软件公司 Sophos 调查显示,垃圾邮件来源国家的前三名是美国（36%）、韩国（25%）、中国（9%）。

销者百宝箱

网络服务供应商和用户接受了反垃圾邮件软件。这种软件包含一个看门人程序，它可以通过以下迹象追踪垃圾邮件：例如"免费"和"伟哥"（Viagra）之类的单词，以及全部字母都大写的单词。看门人程序还能修复 HTML 架构存在问题的信息。这些安全措施同时产生了一些不利的影响，即阻止了许多接收者订阅的正规邮件信息（大约 15%～20%）。因此，虽然发送电子邮件的单位成本很低，但是还是有大量的营销投资浪费了。也许更坏的是，垃圾邮件的充斥使得很多网络用户未加阅读就直接删除了所有的商业电子邮件信息。这意味着更多的营销投资付之东流。

为了抑制垃圾邮件，美国政府于 2004 年 1 月实施了《非请求色情及广告信息攻击控制法案》（CAN-SPAM Act）。该法案禁止邮件发送者利用假标题隐藏身份，并禁止通过欺骗性的标题引诱用户打开垃圾邮件。另外，该法令要求邮件发送者公开实际地址，而且明确地制定了申请、注销账户的机制。注销请求必须在 10 个工作日内得到处理。

美国很多州都有自己的反垃圾邮件法律。2005 年 4 月，维吉尼亚州第一次对一个垃圾邮件发送者宣判了重罪，他每年通过 16 条电话线以各种别名发送至少 1 000 万封的加入邀请。据检举者说，该垃圾邮件发送者出售垃圾产品和色情书刊，而且每月毛利达 75 万美元。[3]拥有如此大的潜在利润，垃圾邮件发送者的大量滋生也就不奇怪了。

最佳实践方法

如果负责任并细心地处理,电子邮件能够成为营销计划的有效组成部分。下面是我们推荐的一些最佳实践方法:

- 与一家经验丰富、精明能干的电子邮件公司合作。该公司应该是一家解决技术问题的外部商业组织。一家好的电子邮件公司可以减少邮件的退回(即信息未抵达收件人),并就有效内容的选择和信息最优的传送频率给你提供建议。
- 制定一个接触策略。不要让邮件接收者对你感到讨厌,许多成功的电子邮件营销实施者将他们的信息发送频率限制为每星期一条。
- 给人们一个单向确认的动机。人们都在寻找价值,而不是更多的广告。单向确认应该给目标顾客带来切实的回报。
- 将发送的信息尽可能地个性化。纽约木星研究所指出:个性化的信息能够得到的回应是普通信息的四到八倍。
- 避免垃圾邮件的出现。这意味着向邮件接收者表明身份,并且避免使用"免费"和其他大写的单词。
- 强化品牌。一个强势品牌能够通过各种渠道带动销售,包括电子邮件。

销者百宝箱

网 上 交 易

对于那些急需难以找到的商品并且繁忙的消费者,以及需要通过比较来寻找最优价格的所有购买者(个人消费者和产业消费者)来说,网络就是天赐的礼物。你想知道5月1日去热那亚的最低费用吗？到网上去搜索。你需要下一个建筑项目防火材料的技术数据和购买信息吗？只需在3M的网站上点击几下,你就能得到有关产品的详细信息。

网络是购买者的一个便捷工具。而对买方有利的东西大都意味着对卖方也有利。网络能提供以下商业利益：

- 网络给予企业直接销售的机会,从而获得其他情形下会被中间商瓜分的利润。在一些业务中,网络还可以节省维持昂贵的零售设备支出。

- 通过诱导顾客自愿单向确认可以获得适用的顾客名址。实际情况常常是,一个人如果他来访问你的网站就暗示着他对你的产品感兴趣。

- 网站的自助服务功能可以节省人力资源成本。例如,如果你提供了提交订单的详细说明,顾客就可以做许多本应由顾客服务机构处理的例行事务。

- 一个设计出色的网站可以服务于多个市场,支持多条产品线。

- 网络代表着交叉销售的机会。亚马逊网站的"你可能也喜欢……"和"购买这本书的顾客还买了……"是网上交叉销售的极好例子。
- 网络有助于实现在国外的低成本销售。一家受访的美国公司实现了资料的下载、打印,使得在印度的销售连年增长。而传统的分销渠道则很不经济。

一个设计出色的电子商务网站会带来丰厚的收益,而且随着时间的推移,这些收益会远远超过随之而来的成本。这些成本包括:建立网站的高额投资;服务器运行、网站改进、产品信息更新的成本;处理订单的成本。

最佳实践方法

因为亚马逊网站拥有复杂的顾客偏好追踪系统,很多人将其作为顾客电子商务的最佳实践领导者。该公司不仅通过实际销售搜集信息,它还记录下顾客浏览过却没有购买的商品和向其他人推荐的商品。它的搜索引擎——A9 能够记录下每个顾客搜索过的所有商品。它知道重复登录其网站的人们的兴趣所在,并利用这些信息向网站访问者推荐特别的商品目录。

除了开发顾客资料,电子商务的实践者还倾向于以下最佳实践方法:

- 搜索引擎和关键词优化。深思熟虑地为你的产品或服务分配关键词,能够确保购物者在使用 Google 搜索时出现你的

销者百宝箱

网站。你的目标应该是让网站地址出现在 Google 搜索结果的第一页或第二页上,这是在线业务成功的关键。

➢ 在适当的网站上投放广告、电子邮件和链接。这些网络独有的传播方式能够将潜在的购买者引导到你的网站上。

➢ 为你的网站流量作出贡献的互惠链接。互惠链接(reciprocal links)是指与你的产品相关但互不竞争的各个站点之间的链接。例如,如果你有一个女性服饰网站,但并不出售珠宝,你可能会希望与一个珠宝网站建立一个互惠链接。访问那个珠宝网站的一些人会点击链接进入你的网站,反之亦然。最大的好处是这些互惠链接一般是免费的。

➢ 相关内容,包括免费内容和预览。这在吸引顾客自愿确认加入电子邮件名单方面特别有效。

➢ 方便进入、方便浏览和方便退出的网站特色。网站设计应该反映出顾客在使用网站方面的需要。

➢ 准确、引人注目并且详细的产品信息。网站访问者需要足够的细节,这样他们才能确定需要什么;否则,他们就不会购买。而且,无论是通过公共搜索引擎还是站内搜索,你的产品信息都应该容易查找。

➢ 每次交易后记得说"谢谢",并且通过邮件进行交易确认。

➢ 交易的完美履行。履行过失会损失销售利润,并且使顾客流失,因此必须追求零瑕疵的交易履行。

最好的实践方法还包括持续的改进。管理者有足够的机会去学习并改进他们的网站。一切都可以被测量：有多少人正在访问网站和购买,只浏览不购买的比例占多少,哪些网页最受欢迎等等。随着时间的推移,一系列修修补补的小改进就能带来网站性能的大提高。

当然除了这些小修小补的改进之外,你也应该思考下一个阶段的问题——网站设计。技术的变化和企业的改变通常要求在未来某个时间对网站进行整体再设计。网站的整体再设计成本非常高,而且耗时。但是重新开始有很多好处。设计团队能够利用最新的技术和功能,而且能够整合他们所了解到的顾客偏好和产品需求。

迄今为止,网络营销并没有达到其早期鼓吹者和预言家所预测的高度。沃尔玛、博德斯书店和购物中心周围的停车场仍然非常拥挤,但是基于网络的销售确实存在,并且继续增长。你是如何通过网络营销获得顾客和建立顾客关系的呢?

小　　结

- ➢ 电子邮件和网上交易是网络营销的两种主要形式。
- ➢ 电子邮件活动可以用来达成销售、与顾客建立关系和驱使人们去网站和商店购物。
- ➢ 网上交易给卖家一个与消费者直接联系的纽带,不再需要中间商和昂贵的零售设备。

销者百宝箱

➤ 深思熟虑地分配产品和服务的关键词,确保购买者在使用 Google 搜索时你的网站能够出现。

营

销者百宝箱

12 国际市场营销

销者百宝箱

12 国际市场营销
——营销范围的拓展

本章要点：

➢ 产品和促销的标准化和定制化

➢ 世界级产品的成功和失败

➢ 分销方法

➢ 国际市场营销决策的控制

目前国际贸易市场规模很庞大，而且还在继续增长。2004年，仅美国商品和服务上的出口额就超过1.1万亿美元，进口额也将近1.8万亿美元。国际贸易的利润率也非常高。例如，根据美国经济分析局的报告，美国公司在2004年获得了3 150亿美元的海外利润。这个数字比2003年增长了26%，而且远远超过了国内公司的同期利润增长率。

国际贸易的增长是由多种因素推动的：更好且更便宜的沟通渠道、海路运输的改进、贫困地区收入的增长、许多贸易限制的消除以及韩国、中国等国家或地区制造业的发展。事实上，中国钢铁业的迅速发展创造了如此大的原材料需求，以至于明尼苏达州北部（距离中国有半个地球远）的铁矿石矿井在历经了数十年的衰减后已经开始复苏。

如果有些公司还没开展国际业务,他们应该审视一下自己的资源和环境:"我们应该开展国际市场营销吗?""我们可以吗?"与所有的营销问题一样,答案必须建立在可靠的研究和分析基础之上,这可以参考本书前面的内容中关于机会识别的分析。你应该问自己以下问题:

> 哪些国外市场最具有吸引力?
> 相对于我们公司目前的优势来讲,上述国外市场中哪些细分市场是最可行的？这些细分市场是保持稳定,还是在继续增长?
> 有哪些风险?
> 我们如何分销产品?
> 我们需要调整产品,以满足当地的偏好吗?
> 我们怎样跟有不同文化背景的人有效地交流?

国际市场营销是一个很大的题目,在这本概括性的书里无法完全囊括。因此,我们本章的目的是以市场营销组合作为指导,来研究进行国际市场营销需要面临的几个问题。

先前我们将营销组合——产品、渠道、价格和促销描述为公司在其目标市场上完成目标的工具。幸运的是,这些工具对于国际业务和国内业务一样有效。本章将重温营销组合的各个要素,并讨论它们对于国际市场营销的适用性。

销者百宝箱 --------------------------------

产品决策

20年前,市场观察家预言全球的产品将趋于同质化,并且有很多证据能够支持他们的观点。北美洲的人跟日本人一样都在听着索尼随身听里的音乐;欧洲、拉丁美洲和亚洲的企业都在使用IBM的主机构建IT部门;世界上任何地方的人都在喝可口可乐、使用吉列剃须刀、穿着源自美国的蓝色牛仔装。

看起来好像不同国家和文化下人们的口味和欲望存在着趋同的趋势。营销界的鼻祖西奥多·李维特(Theodore Levitt)在1983年《哈佛商业评论》(*Harvard Business Review*)的一篇经典文章——"市场的国际化"(The Globalization of Markets)里清楚地表达了这种观点。[1]当然,并不是所有的产品都能跨越国界。在北美流行的高耗油大型汽车在欧洲就没有吸引力,因为欧洲的城市街道比较狭窄,而且油价极高。英国靠左侧行驶的汽车不经改装也无法进入美国市场。

尽管如此,仍然有很多迹象表明:产品的同质化仍在继续。你只需要观察一下庞大而且曾经非常分散的美国市场就能够意识到,地理上的差异正逐年让路于同质性。曾经象征着美国南部生活的脆奶油多纳圈公司(Krispy Kreme Doughnuts,KKD)出现在了波士顿、拉斯维加斯和火奴鲁鲁(夏威夷州的首府);西雅图的星巴克咖啡店快速将其业务扩展到了全世界3 000多个地方;家得宝（Home Depot）和沃尔玛的商店正迅速出现在全世界任何地方。许多地区性品牌被全国性品牌击败。因此，我们好像可以很合逻辑地推断这种趋势将会扩展到国际舞台。

令许多消费者欣慰的是，迄今为止同质化的发展并没有达到李维特的预期。20年后反思李维特的论文，哈佛商学院营销学教授约翰·奎尔奇（John Quelch）认为全球经济的衰退和反美情绪暂时抑制了全球品牌的成长。[2]这提醒了营销经理们：在制定产品决策时，应该要小心谨慎。国外市场的购买者是否会对同样的产品、包装和促销产生良好的反应呢？如果不是，我们的商品应该个性化到什么程度才能满足国外的偏好和要求呢？

这些问题的答案需要通过市场调研来寻找——跟所有经理们在国内市场上所进行的研究一样。简单地假定外国顾客会对当前产品产生积极的反应，会导致惨重的失败。作家和学者菲利普·科特勒在其经典著作中给出了一些此类失败的例子。[3]思考以下的案例：

    可口可乐不得不将其两升瓶装的可乐撤出西班牙，因为它发现：几乎没有哪个西班牙人的冰箱有足够的空间容纳这种包装的可乐。

    通用食品公司（General Mills）为了试图向日本顾客推介盒装蛋糕组合浪费了几百万美元，因为它没有注意到只有3%的日本家庭配备了烤箱。

    通用食品旗下的果珍（Tang）在法国市场上最初非常失败，因为通用食品把它定位为早餐橙汁的替代品，而法国人很

销者百宝箱

少喝橙汁，早餐时更是基本不喝。

一种在某个市场上成功的产品，它的特色、功能和物理特性可能需要、也可能不需要改变，以确保它在另一个市场上的成功。举例来说，欧洲和亚洲的住宅和寓所通常比美国的要小，而能源价格则相对高很多。这意味着针对欧洲和亚洲的厨房和洗衣设备必须更小、更具能源效率。

然而，许多类型的产品可以毫无问题地在世界范围内行销。这些产品包括很多工业产品和针对年轻购买者的消费产品。年轻人市场要比其他消费者市场更容易接受国际性的产品，只要这些产品是"最新潮的"和"酷的"。斯沃琪手表、手机和索尼的PlayStation游戏机都符合这些描述。在室外使用的产品受到的文化限制也较少。[4]

效率与市场适应性的比较

你会面临一个关于产品的两难抉择。一方面，利用规模经济性在所有市场上推出标准产品，能够带来成本上的节省；而另一方面，鉴于不同地域的需求、偏好和安全规则的差别，标准化产品的销售未必理想。因此，你必须在两者之间作出权衡——标准化的效率与由于适应当地偏好而带来的更大的市场接受程度，如图12-1所示。基本上，这种权衡与你试图满足国内的不同细分市场时所面临的权衡没有什么不同。这也是老式的大规模生产和定制化之间的权衡，只不过这次发生在一个不同的舞台上。

图 12-1 产品平衡

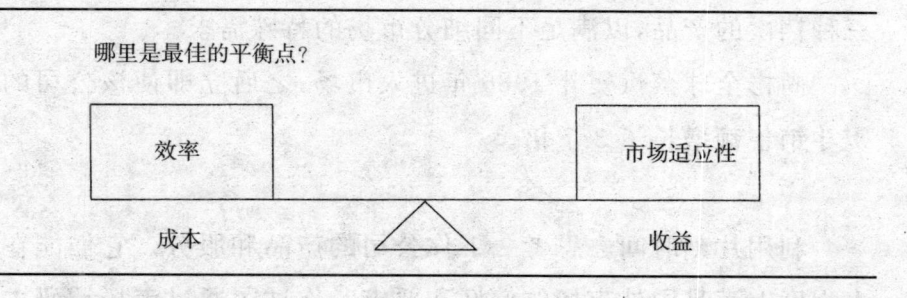

哪里是最佳的平衡点?

效率 —— 市场适应性
成本 —— 收益

全球产品平台

解决效率和市场适应性平衡的途径之一是设计一个能够通过低成本修改而适应不同国家市场需要的全球产品平台。

尚彬（Sunbeam）和它后来的国际合作伙伴好运达（Rowenta）设计的全球蒸汽熨斗是国际产品平台设计的一个早期案例。在它们的合作过程中，两家公司的工程师、营销人员和经理们聚集在一起研究市场和主要竞争者的产品。它们成立了两个委员会，即营销委员会和技术委员会。前者负责确定不同市场顾客所要求的产品特色；后者的工作则是制定一个设计方案，提供那些产品特色，并且满足所有国家的规则标准。该设计方案必须能够使产品成为成本领先者。技术委员会还必须设计出一套能够满足各主要市场电子安全规范的说明书。

与尚彬已有的蒸汽熨斗相比，最终的平台设计主要在零件（46％）和按钮（84％）上作了削减。它的部件是如此标准化，以至于公司能够在同一平台上制造出很多种衍生的熨斗，而且还能

销者百宝箱

保持成本优势。这个平台设计使公司能够生产好、更好和最好的三种档次的产品,以满足不同细分市场的特殊需求。

尚彬全球蒸汽熨斗1986年进入市场,之后立即使该公司的年熨斗销售额增长了3.7倍。[5]

利用片刻时间去思考一下你公司的产品和服务。它们能在多大程度上满足国外市场的偏好和要求?你试图通过市场调研去解答上述问题吗?产品的某些问题可以通过包装和定位来解决,但是其他问题则必须通过产品设计来找到答案。哪种方式适用于你的公司?

促 销

促销包括与现有和潜在顾客的沟通:广告、品牌塑造、推广性优惠券和定位。在大多数情况下,促销比其他营销组合要素需要更多的定制化。它接触顾客的感知和内心,而这些与文化、传统和社会期望紧密相关。

因此,在伊斯兰世界的某个地区,一个西方的化妆品制造商播放的广告内容不能包含穿着暴露的女人,在那儿,这种广告会引起反感。此处你再次面临成本效率更高的标准化促销素材和成本更高但效果更好的定制化促销素材之间的权衡。

通过制作具有世界感染力的广告,一些公司已经开始致力于解决这个问题。可口可乐1971年启用的广告"我愿意教整个世界歌唱"是个最好的例子。这个广告是在意大利的一个小山顶上拍摄的,由来自全世界各个种族和国家的500名年轻人出演,他们穿着各自的传统服装,手拉手地站在一起,高唱一首呼吁世界友爱的歌曲。在一个充满战争和社会动荡的年代,它呈现了一幅世界和平、和谐、年轻乐观的美妙画面。当然,它把这个充满感染力的主旋律同可口可乐联系在了一起。这个广告获得了巨大的成功。那首歌本身也变得非常流行,以至于发行了非可口可乐广告的版本——由当时一个非常受欢迎的歌唱组合演唱,并发行了多个语言的版本。这首歌的唱片和乐谱都取得了巨大的销量。[6]

澳大利亚快达航空公司(Qantas)在几年之后做了类似的事情。它斥巨资拍摄了一则电视商业广告,广告中一个少年合唱团站在一幅由路标构成的背景前,这些路标与快达航空公司所服务的目的地相联系。这个广告很吸引人,使人情绪高涨,并且符合全世界的文化价值观。在拍摄完成之后,原先的英文画外音可以视具体情况作出更改,以适应其他市场。

采用何种方式促销最适合你的产品、目标和海外市场?最廉价的方式是对你现有的媒体广告进行细微的改动;将语言变成当地语言;或者将同一则广告进行改编,以适应某特定市场;或者你可以从头开始制作通用性的广告。不同的方式会产生不同的影响。

销者百宝箱

渠道（或分销）

分销可能是国际市场营销中最让人头疼的一个方面。一种产品必须依靠一个或多个渠道从生产者转移到最终购买者手中。最简单的分销方式是：把你的商品卖给一个贸易公司，再由它独自承担将产品推向海外顾客的责任。但是这种分销方式会让公司失去手中的控制权。

最复杂但控制能力最强的分销方式是：在目标国家建立自己的分销网络和子公司，雇用一部分当地人，因为他们懂得当地语言、能够理解当地市场和商业文化（见图12-2）。建立和管理这样一种分销结构需要巨大的资本投入和管理能力。

在最简单和最复杂这两种极端方式中间，你可以作以下选择：

- 与另一家独立公司成立合资企业；
- 在目标市场派驻公司的销售代表；
- 雇用目标市场上的独立销售代理。

图12-2 典型分销选择

简单			复杂
贸易公司	销售代理	合资企业	子公司

如何在其中作出合理的选择是由公司目标、期望以及规模决

定的。当你展开国外销售并且有信心管理和开拓国外市场时,常常是需要在上面这些选择中进行变换。

例如,最初在韩国开展业务时,一个德国电子元件制造商可能会雇用一个当地企业,作为原始设备制造商（OEMs）为其代工。随着销售规模的扩大,这家德国公司可能会觉得下面这个选择才是明智的——成立一个韩国子公司来销售其德国制造的商品,并且设计、制造和出售完全符合韩国原始设备制造商规范的电子元件。

价　　格

你如何在新的国外目标市场上为产品定价？国际市场营销的定价之所以复杂,其原因很多。除了反倾销（dumping）条款——不得以低于生产成本或者原产地通常销售价格的定价销售之外,大体上生产者的定价比较自由。举例来说,一个意大利自行车零部件制造商可能会以 80 欧元的价格将其顶级链轮齿出售给一个新西兰的自行车制造商,而以 70 欧元的价格卖给一家芬兰企业。当然,顾客也可以自由地决定要不要以这些价格购买产品。

另一方面,出口一方会合理地制定高价,以弥补关税和运输成本。但是最终价格的决定因素还是市场的承受能力,企业并没有任何获得特殊利益的固有权力。

从目前的反倾销条款来看,你可以自由地采取任何能增加收

销者百宝箱

益的定价策略,这与国内市场上一样。因此,你可以定低价,通过牺牲利润换取高市场份额;你也可以定高价,只要消费者认为你的产品是特别的、具有异国情调的或者是高级的。

差别定价的一个缺陷是它可能引起套利现象,而这会破坏你的分销结构。思考以下这个假设的案例:

一家叫Gizmo陶瓷的英国企业在美国和墨西哥都有其分销商,并以100美元的单价出售产品。为了补偿劳动力和运营成本,美国分销商不得不以175美元的单价转售给当地零售商;而墨西哥分销商的转售价格为每件125美元,因此企业的产品在墨西哥市场获得了极大成功——两个市场有50美元的差价。(注:为了比较的方便,本例中统一使用美元作为货币单位。)一些Gizmo的美国零售商注意到了这一点,开始从墨西哥分销商那儿订货,每件能够节省50美元(低于增加的运输成本)。很快,美国的分销商就歇业了,打乱了Gizmo的分销计划。

理论上讲,当失败者无法增加产品价值以便使较高的价格变得合理时,灰色市场(gray market)的出现并没有什么不对。经济学家甚至认为灰色市场创造的效率更高。然而,生产者的分销网络需要秩序和纪律,而且通常会采取措施去强化。强化的方式可以有所不同:通过分销协议来约束;减少对低价格国家的灰色市场分销商的供货;对输送到不同国家的产品设计作些小改动。随着网络的发展,购买者能够发现低价,并且想尽办法以低价购买产品,这使得灰色市场的管理变得更加困难。

对国际市场营销决策的控制

每个市场营销计划都反映了你在产品、价格、渠道和促销方面所制定的许多决策。当这个计划包括跨越国界的市场营销时,你必须考虑一个额外的问题——这些决策是应该由本部制定,还是由当地部门制定?

当你直接进入国外市场——在当地成立销售办公室、合资企业或者子公司时,这个问题的关系更加重大。例如,设计、包装和产品命名应该由谁来决定——克利夫兰本部的人,还是在马德里运营的子公司?应该由谁来授权和批准媒体广告?由谁来给产品定价?

当然,这些问题没有绝对正确或错误的答案。最终,它们还是取决于具体情况——你是集权还是分权,你在海外市场上的经验有多少。有些公司设有基于总部的生产线经理,他负责国内外全部的决策。这种方式增强了对公司资产的控制能力,但是,因为没有接近市场,从而失去了对当地市场的了解。

菲利普·科特勒描述了三种跨国管理的战略以及许多的决策:[7]

> **全球化战略。** 这种方式将整个世界作为单一市场来看待。必然地,这种战略强调生产和营销的标准化以及决策制定的集中化。如科特勒所说:"这种战略适用于全球整合力量

销者百宝箱

强而国家反应能力弱的情况。"

> **区域化战略。** 在这里整个世界被看成各个国家市场机会的投资组合。采用这种战略的公司会给它的当地组织机构赋予更多的自主决策权。

> **"全球区域化战略"。** 这种战略基于符合当地要求的标准化平台。采用这种战略的公司更倾向于围绕战略业务单位来组织运营,而不是围绕本部或者当地部门。

你的公司正在进行国外销售吗?如果是的话,请看一下表12-1。标出下表中所列问题的决策是在哪里制定——在本部,还是在受这些决策影响的当地市场。然后问问自己,这些是控制决策的最佳地点吗?

表 12-1 控制权所在地

	本部控制	当地控制
产品		
研发		
制造		
原料采购		
包装决策		
产品线管理		
定价		
促销		
品牌塑造		
广告		
销售		
渠道		

资料来源:John A. Quelch and Edward J. Hoff, "Customizing Global Marketing," *Harvard Business Review*, May-June 1986。经授权改编。

小 结

- 在产品领域,跨国公司面临的是推广现有产品,还是改变产品以符合国外市场要求的选择,也就是效率和市场适应性的选择。
- 全球产品平台是处理效率和市场适应性问题的一个潜在解决方案。
- 在大多数情况下,促销比其他营销组合要素需要更多的定制化。
- 渠道设计通常是国际市场营销中最令人头疼的部分。最简单的方式是通过贸易公司转售,最复杂的则是在某国或地区成立一个分销子公司。
- 运输成本和关税往往引起产品在不同国家市场的不同定价,这有可能造成灰色市场。
- 在跨国市场上经营的公司必须确定定价、产品设计、分销和促销决策在哪里制定。

营

销者百宝箱 ----------------------------------

哈佛商务指南

营销者百宝箱

13 市场营销新发展

销者百宝箱

13 市场营销新发展
——未来的挑战

本章要点：

- 信息不对称的终结
- 营销信誉的传达
- 跳出营销传播混乱的困境
- 美国消费市场的不断分散
- 承担后果的责任
- 市场营销道德

每一个市场上的行业都面临着严重的挑战。本章列举了现在和将来营销人员必须接受的六大挑战。

现在的买方拥有更多的信息

展望未来，组织和它们的营销人员面临着一系列的挑战。首先，发达国家在许多产品和服务大类上具有过剩的生产能力。汽车行业就是最好的例子。一些观察家还认为：供给消费者的住房同样具有过剩的情况。以前潜伏的国际竞争者现在纷纷出现,更加激化了供求问题,也使得本地制造商为了市场份额展开更加激烈的竞争。

网络的发达也使营销人员的日子更加艰难。我们在第 11 章已经指出:网络为我们开辟了一条新的渠道,用这条渠道来传递从书籍到大学课程再到营销的信息都十分高效(即便赢利性并不确定)。但网络也将更多的权力转移到了消费者和买家手中。

在过去,强烈的信息不对称有利于卖方。卖方通过竞争者研究知道对手的最低价格,也知道每一个竞争产品的功能和质量。但大多数购买者知道的信息要少得多,获得信息既困难又费时。购买者只能从卖方——一个不客观的信息源获得购买决策的信息。

网络的出现改变了这种情况,消费者轻而易举就能获得产品和价格的信息。现在,想购买顶级数码相机的消费者能轻易地从雅虎(Yahoo)和类似网站上获得产品参数、用户评价、专家鉴定等等。如果想要尼康 D-70,只需点击一下,就能看到全美国卖家的销售价格。顾客对这些卖家的评价也是非常有用和可靠的。购买者能够得到最好的价格和最好的服务——这一切只需要几分钟。这种信息的平衡将大量的权力转移给了消费者,并且会导致所有卖家的边际利润递减,如果它们想要吸引顾客的话。

面对这种信息平衡的新情况,营销人员还不确定该如何应对。也许最好的方法是:在产品或服务的差异化和优化上作更多的努力。这些努力的成功会使卖家拥有自己独特的地位。

销者百宝箱

信誉的传达

营销人员通常需要信守诺言。"无人可比的价格!""无可匹敌的表现!""我们的产品非常轻便!""我们会好好待你!"。企业的挑战之一就是如何传达这些信誉。

根据记录显示,至少在美国,做好信誉的传达工作还有很长的路要走。根据2004年末的美国顾客满意度索引显示:消费者对产品或服务的满意度与10年前第一次编纂索引时相比略有下降。而第四季度的报告是近七年季度数据里下滑最厉害的一次。这反映了信誉传达的失败,还是大众购买期望的上升?不管反映的是什么,未来的挑战之一就是:减小企业和品牌代表的期望和顾客现实体验之间的差距。

如何减小差距呢?我们建议企业多花点时间研究顾客,找出他们最看重的价值,这应该是吸引营销人员和产品研发人员的地方。在大多数情况下,顾客看重产品操作简单和同宣传一样的表现。这意味着研发人员要好好地设计产品或服务,不要带有不必要的花哨功能,也意味着营销人员要控制自己的言行,避免引起大众不切实际的期望。

传达信誉也与财政预算有关。CEO们给营销的预算越来越紧张。理由毫无疑问是他们不能从营销的支出上面看到清晰的回报。有时候CEO们的直觉是对的,他们的投资的确没有得到足够的回报。但是在许多情况下,因为没有直接反映在绩效上,营销投入的回报大小只是某些人的猜测。营销经理的重任是追踪和报告他们的项目和费用的效果,但那说起来容易做起来难。更多的细节将在后文进行阐述。

跳出营销传播混乱的困境

无论消费者走到哪里,都要遭受大量营销信息的轰炸。网站的弹出广告和标语、电视和广播里每过几分钟播放一次的广告、每天都有的直邮目录、各种各样的公告牌、电话营销员和股票经纪人打来的电话、服装标识、伪装成合法节目的商业信息片,营销大师赛思·戈丁(Seth Godin)将以上方式归结为"打扰式营销"。无论你在做什么,一些广告者都会打扰你,并试图引起你的注意。

消费者对这种打扰很不满,并将它们拒之门外。他们条件反射似地扔掉散发的目录,这些目录甚至都还没打开;在晚间新闻插播广告的时候,他们离开房间或者换台;他们知道是营销人员的电话会立马挂断。在2003年10月至2004年10月间,57%的美国成年人登记了全美"谢绝来电"注册。有些人录下他们喜欢的节目,然后在观看的时候跳过广告。消费者抵制的结果是价值上百万美元的营销信息被拒之门外,被扔掉、避开和忽视。

营销者的挑战就是:跳出这种困境,引起消费者的注意。再说一遍,成功源于对顾客充分的了解。消费者并不反感那些吸引他

们的产品信息。例如,热衷于股票市场的人并不介意股票经纪人偶尔打来的电话,他们也许可以了解到某些有价值的信息。大学教授必须了解本学科最新教材的内容,所以他们通常欢迎出版商代表到办公室拜访。这些代表能提供一些有用的信息,还常常赠送教授们有用的书籍。类似地,上百万网络用户报名要求他们感兴趣的产品或服务的卖主给他们发送电子邮件。

直觉公司——上百万美国纳税人使用的报税软件 TurboTax 的销售者——通过提供有用的信息给顾客,示范了如何吸引顾客的注意。每一条有关 TurboTax 的电子实时通讯都包含有用的信息:税法更新、避免审计的建议、遗漏的扣除等等。当然,直觉公司试图阻止这种有其产品的实时通讯,但奇怪的是许多接收者并不愿意,因为,(1)他们是自愿接收的;(2)他们通过实时通讯接收到真正有价值的东西;(3)他们可以轻而易举地取消。

所以,要跳出营销传播混乱的困境,秘诀并不是叫卖得更大声,或者比对手更频繁地打扰顾客,而是将你的信息和顾客看重的东西结合。

市场分散

30 年前,大多数美国人能够接收到三个全国性的电视网络(ABC、CBS 和 NBC),现在已经不是这样了。美国的宠物爱好者可以收看动物星球(Animal Planet),西班牙裔美国人可以收看西班牙语频道,体育爱好者有 ESPN,收藏家收看 PBS 的古玩路演。

同时，政坛上的保守派从广播收听肖恩·汉尼提（Sean Hannity）或拉什·林博（Rush Limbaugh）的节目，而福音派的信徒则调至自由频道网收听杰瑞·福威尔（Rev. Jerry Falwell）的布道。而此刻，美国的许多犹太人正在阅读当日的《前进报》（Forward），政治上的自由主义者则在观看《飞离航道》（Air America）。

有些社会观察家警告道：美国正在被伦理关系、语言和政治倾向所分割。这条警告是正确的。美国现在有所谓的红色阵营（保守派）和蓝色阵营（自由派）、欧洲裔美国人、白种南方人、非洲裔美国人、西班牙裔美国人、加勒比黑人和其他的关联群体。加上贸易工会、环保主义者、同性恋（即将拥有他们的有线电视频道）等群体，当然，还有红袜联盟（Red Socks Nation）。大家都想知道，美国的国家箴言"E pluribus unum"（"合众为一"）是否应该缩写成"pluribus"（"合众"）。因为大量移民的出现，欧洲国家也在面临着类似的问题。

人们混杂在各种群体中的趋势给营销人员带来了严重的挑战。一方面，人们分散到各个细分市场，强烈的伦理、收入、地理、行为或婚姻特征使得为满足他们的需求和口味来研发产品或服务变得容易。另一方面，这种细分的市场通常不够大到足以使企业赢利——至少那些依靠规模经济和全国性广告的大企业无法赢利。对于那些小型企业，分散的市场也许就是明显的机会，因为大的竞争对手的优势在这里被制约了。

在未来的几年里，如何与这些小的细分市场接触和交易将会一直困扰着营销人员。

销者百宝箱

结果测量和责任导向

每一项业务和业务职能都应该设立目标,然后为实现目标而努力工作,最后测量结果。市场营销擅长前面两步,但缺乏第三步。所以,下面的情形也就不奇怪:CEO们对营销的支出为什么总是那么吝啬？生产工人能具体说明新设备上的投资能够节省多少劳动力成本和减少多少废品。CTO能借助新的网络空间排列合理的估算绩效和费用的改进。更好的情况是,在投资进行后产生的实际回报是可以测量的。但是当营销经理提交一次媒体活动策划时,CEO只能猜测它的结果。

伦敦商学院的营销学教授帕特里克·巴维斯(Patrick Barwise)在1995年春的文章"商业策略评论"(Business Strategy Review)中写道:在未来的日子里,可识别的营销测量方法和责任承担将会是更受关注的课题。10年后,巴维斯表扬了营销在承担结果责任上的进步,即便这并不完善。最近的一项研究支持了他的评价。研究指出:在调查的企业中,有25%测量了市场营销对业务目标的影响。[1]

技术进步能够带来帮助。数据库营销员能测量直接邮件广告和电子邮件的反应比率和产生的收入。他们同样能利用技术将顾客从忠诚度和赢利性上进行分类。价格促销的短期收益可以测量和列表也多亏了技术进步。这种测量费用和反应能力为营销投资

市场营销新发展

提供了更好的预见性。好的预见性对决策制定者非常重要。

其他一些数据也可以部分衡量营销的作用,比如以下几个:

- **销售收入**。这个数据测量了销售人员的作用,尽管收入的变化与产品、价格变化以及其他方面的进取不无关系。
- **品牌认知**。它指出了公司的品牌代理和媒体宣传的作用。
- **顾客满意度**。产品、价格、执行、售后服务都影响这一数据,使得它很难被用来评价绩效。

媒体广告的作用更加难以衡量。2005年超级杯足球赛期间的广告是每半分钟240万美元,这个价格让每一位经理想说:"把回报拿给我看——还有,回报的数目你是怎么确定的。"即便是网络电视秀的开场30秒广告费用为较低的40万美元,CEO和CFO们也一定会惊讶不已。

关于这个棘手的测量问题,咨询专家麦克·费思奇勒(Michael Fischler)写道:

> 我认为,市场营销真正需要测量的是:我们为现有产品开发或巩固了多少有利可图的市场?因为,营销的最终目的是为了市场开发。我们的工作——从最纯粹意义上讲——就是接触相关的业务领域,发现我们的产品或服务能够进入有利可图的新市场,为市场开发新产品并获利。如果你同意上述说法,那么市场营销的测量就变得具体和客观了——也许,还更简单了。我们可以看看我们的企业,用一个简单的矩阵来评价我们的市场。一年以后(或者更久),我们再回头来看看

销者百宝箱

这个矩阵，评估我们增加或巩固了多少新的市场。如果我们仔细地对工作作了记录，还能看出我们为每件事付出多少，又得到了多少。瞧！一个客观、数据型的测量方法出来了，它能够测量营销活动是否为企业带来了价值。

如果我们深入市场进行研究，然后回到会议桌前，在数量化的信息和朴素的直觉基础之上提出：建议让产品 A 进入到一个新的国际市场，我们就完成了自己的本职工作。如果我们确定，产品 B 正确地重新定位能够进入一个新的群体市场，我们就完成了自己的本职工作。如果我们确定，C 行业需要一款新产品来解决被忽略掉的问题，并详细地说明这款新产品，我们也完成了自己的本职工作。如果我们确定，已经维护得很好的市场 D，通过小心的维持战略以后能够变得更加忠诚，我们也完成了自己的本职工作。[2]

费思奇勒说：在市场营销人员完成了自己的工作以后，该是销售人员、广告代理、产品研发、客户项目实施的时候了，也是其他员工完成本职工作的时候了——并且要对结果负责。

测量结果和承担责任是市场营销中最大的两个难题。你的公司是如何处理的？每项投资是否都可以测量结果？[注：如果你想要开始做这两项工作，可以先看看菲利普·科特勒的"营销效用评论工具"（Marketing Effectiveness Review Instrument），借助它对企业的核心目标作自我诊断测试，这些核心目标包括：顾客导向、整合营销组织、足够的市场信息、战略导向和执行效用。][3]

营 销 道 德

道德是一种行为标准,用来控制个体、群体和商业组织的言行举止。相比企业的其他职能,市场营销更像是道德问题的一个潜在来源。知道为什么吗?想想营销必须实施的几件合法行为,它们如何导致了不道德的行为:

- ➢ 提高认知。一遍又一遍地将信息强加于大众,如果有必要,还会侵犯大众的隐私。
- ➢ 帮助企业的产品或服务出类拔萃。在"细则"里夸大优点,掩盖缺点。
- ➢ 刺激顾客购买。这会导致过度的承诺。

正如公众所见,广告人员常常违背道德准则。是不是在许多电视广告中都能看到不负责任地驾驶汽车?"这个孩子要使尽全力!"你想不想你的家庭成员与认为这条广告很酷的18岁少年驾驶在同一条高速公路上?是不是有许多银行和信用卡广告鼓励随意借款消费?"继续,度过那个梦幻般的假期。你,值得拥有。我们的信用卡让一切变得简单。"不要奇怪许多人已经负债累累,他们很有可能就是受了这些广告影响。近几年,针对小孩子的广告又激起了公众的不满。

广告者的压力来自吸引对信息日渐麻木的消费者注意,这种压力促使他们将广告的诉求宣传得更大胆、更直白——甚至越过

销者百宝箱

道德的底限。同时,网络的出现开辟了关注顾客的新途径,尤其显著的是搜集和非法利用顾客的信息。

最不道德的营销行为最终通过法令得到了解决,它们已经被禁止,并且违规者将会被罚款。这些法令中说明了:在美国,"诱饵行为"、电话销售和虚假促销将会受到什么样的惩罚。但这些法令永远制止不住以营销的名义实施的一些不道德行为。只有制订一部完备的关于企业、行业和专业人群的道德规范,才能止住上述行为的发生。正如《公司道德品质》(*Ethics Quality*, *Inc.*)中写道:"道德就像市场营销这台引擎的机油过滤器,它过滤掉杂质,所以机油能够使引擎运转。每个企业都需要道德来过滤掉竞争的粗暴本质,然后企业就能确定目标顾客,吸引和维持好顾客了。"[4]这是个好建议。

很难了解公众是否比以前更多地被市场营销所打扰,或者是否现在的人们更加容易直言自己的不满。无论如何,市场营销没有获得一个好名声,而每一次不道德的行为都让它更加失去光彩。这种不愉快的局面一定会减少营销投资的回报。因此,营销的挑战之一是:提高沟通的公众信任。而实现的最好方法是:确保每一次促销、每一条广告、每一次定价、每一次顾客信息的利用都要符合一个高的道德标准。本章描述的挑战是非常实际的。其中三条,即营销信誉的传达、测量结果和承担责任、符合道德行为规范属于企业内部的挑战,处于企业管理人员和员工的控制之下。如果他们认真对待,就能应对这些挑战。其他的挑战则来自外部,不容易通过直接的行为来控制。例如,单个企业不能改变信息变得

―――――――――――――――――――市场营销新发展

更加对称的事实,也不能避免广告和促销带来的营销混乱,阻碍了市场营销的沟通。然而,即便是这些更大的问题,也能被合理的战略和创造性的市场营销所克服。

小　　结

- ➢ 长期有利于卖方的信息不对称即将被终结,这很大程度上是由于网络的存在。卖方必须作出调整以适应这种新情况。
- ➢ 企业必须传达它们的信誉,也就是说,它们必须减小企业和品牌所代表的期望与顾客现实体验之间的差距。
- ➢ 公众正在排斥营销信息。补救的方法是提供包含有价值内容的信息。
- ➢ 美国的消费者被伦理关系、语言、政治倾向等分割成了不同的细分市场。靠规模经济赢利的大企业在其中一些过小的市场上无利可图。
- ➢ 市场营销无法测量战略目标的结果。
- ➢ 营销人员常常违背道德准则,广告者则更甚。公众对这种行为的认识必定会降低营销投资的回报。

销者百宝箱

营销者百宝箱

附录 有用的实施工具

附录 有用的实施工具

以下包含了三种工具,均可用来执行本书所描述的方法。所有这些工具都为我们的线上出版物《哈佛管理导师》而开发。

1. **营销计划模板**(表A-1)。该工具是市场计划的缩影,并且你可根据需要进行补充和修改。

2. **计算顾客的价值**(表A-2)。你可以运用这个等式工作表来全面考虑顾客价值。由顾客决定的服务价值等于顾客想要获得的结果乘以产品或服务分销的质量,这与顾客获得产品和服务的价格乘以顾客为获得产品和服务愿意承担的成本有关。等式中的价值是相对的,因为不同的顾客有不同的需要,即便同一个顾客也在不同的时间上有不同的需要。例如,在某种情况下,顾客为节约时间可能更加看重方便和时机,而在另一种情况下,可能他们又更加强调价格。你可通过全面考虑如何协调等式中的各项因子来为顾客提供附加值以增强业务。

3. **计算顾客的终生价值**(表A-3)。该工作表可用于计算顾客的终生价值。你可访问网站 www.

elearning.hbsp.org/businesstools，以动态的视角来计算各个条目。

表 A-1 营销计划模版

营销计划		
产品名称：_____		
计划日期：_____		会计年度：_____
营销经理：_____		联系方式：_____
计划贡献者：_____		联系方式：_____
批准人：_____		批准日期：_____
市场评论 **列出关键市场因素**（在规模、增长率、细分市场、地理因素等方面描述市场）		
描述市场气候和关键新趋势（例如，行业当前经济状况如何？出现了什么新趋势？）		
竞争环境 主要竞争者	市场份额	提供物/价格
1. _____	_____	_____
2. _____	_____	_____
3. _____	_____	_____
4. _____	_____	_____
产品 以前年度收入，实际数据和预测数据		
本年度收入预测（经由的分销渠道，如果需要的话）		

销者百宝箱

产品状况
☐ 新产品？　　　　☐ 改进产品？　　　　☐ 上市日期：_____

特色　　　　　　　　　　　　　利益
1. _____　　　　　　　　_____
2. _____　　　　　　　　_____
3. _____　　　　　　　　_____
4. _____　　　　　　　　_____

产品定位（注意以前的定位是否有效或者需要重新考虑）

产品区别、独特的卖点或者竞争优势

顾客

相关顾客或用户的人口统计学特征（典型用户的概貌是什么？用户在哪里？你怎样与他们取得沟通？）

购买者行为（人们为什么购买你的产品？它能满足什么需要？是有计划还是冲动的购买？价格如何影响他们的购买？）

分销渠道

市场研究计划或可用性测试

	内容	时间	结果
以前	_____	_____	_____
计划	_____	_____	_____

机会分析（SWOT模型中也有此内容）
根据产品或服务内在优势和劣势、外在机会和威胁的分析，产品或品牌面临的主要机会和问题是什么？
财务目标
营销目标
营销战略

营销策略或行动计划		
计划	预定时间	预计成本
广告/媒体		
销售规划		
宣传		
交易展示		
网络营销		
促销		
支票签署（endorsements）		
销售激励		

销者百宝箱

销售支持物	
经销商激励或条款	
特价活动	
提升销售/交叉销售	
定价战略	
其他	
成功的评价标准	
(将代表成功的预期结果具体化;例如,电子邮件活动的点击率提高3%。)	
预期利润和损耗	
(可参见哈佛管理导师财务基本问题中的预算工具)	

收入	成本	利润

控制
(例如,什么时间、由谁来对实现目标的进程进行评价?如果实际结果与计划相背离是否有紧急预案?)

资料来源:Harvard ManageMentor on Marketing Essentials,经许可改编。

表 A-2　计算顾客的价值

顾客价值等式工作表	
顾客重视什么 用对顾客重视什么的描述填写这个等式，你没有必要非得给出价格的具体数值，但你可以使用高、低、竞争定价、天天低价、溢价、折扣等描述性术语。	
结果 你的顾客想要什么结果？	**分销/过程质量** 他们希望结果怎样送达？
×	
结合下面的因素考虑上面的内容	
价格 顾客愿意为产品或服务支付的价格	**获得成本** 顾客为获得产品或服务愿意承担的成本
×	
价值摘要 在你的商业领域中，最通用的关键顾客价值等式是什么？	
有哪些因素或情境会影响这些等式？哪些你能改变或控制？	
你能怎样支持这些因素，以增加你的产品或服务对顾客的价值？例如，维持价格不变的同时提高便利性。	

资料来源：Harvard ManageMentor on Marketing Essentials，经许可改编。

表 A-3 计算顾客的终生价值

顾客姓名				
基本方程式				
顾客终生交易次数的估计值	每次交易的购买数量	每次购买的平均价格（$）	获得顾客的成本（$）	顾客的终生价值（$）
0 ×	0 ×	$ 0.00 −	$ 0.00 =	$ 0.00

预计方程式，五年期				
收入 （包括实现的毛收入）	成本 （计算服务此顾客的成本，包括营销、制造和递送产品或服务的成本）	推介 （增加相关账目的净值）		利润 （$）
第一年 $ 0.00	− $ 0.00	+ $ 0.00	=	$
第二年 $ 0.00	− $ 0.00	+ $ 0.00	=	$
第三年 $ 0.00	− $ 0.00	+ $ 0.00	=	$
第四年 $ 0.00	− $ 0.00	+ $ 0.00	=	$
第五年 $ 0.00	− $ 0.00	+ $ 0.00	=	$
			总计	$

资料来源：Harvard ManageMentor on Marketing Essentials，经许可改编。

营销者百宝箱

注 释

注 释

序 言

1. Alfred P. Sloan Jr., "Quarterly Dividend Mailing to GM Common Stockholders," General Motors Corporation, September 11, 1933. 这封信的详细内容和斯隆其他的新颖观点见 Vincent P. Barabba, *Meeting of the Minds* (Boston: Harvard Business School Press, 1995), 12。

2. Peter F. Drucker, *Manegement: Tasks, Responsibilities, Practices* (New York: Harper & Row, 1974), 61.

3. Vincent P. Barabba, *Meeting of the Minds* (Boston: Harvard Business School Press, 1995), 2.

第 1 章

1. Carl von Clausewitz, *On War*, volume 1 (London: Kegan Paul, 1911), 177.

2. Edward Mead Earle, ed., *Makers of Modern Strategy* (Princeton, NJ: Princeton University Press, 1943).

3. Michael E. Porter, *Competitive Strategy* (New York:

Free Press, 1985), xxiv.

4. Michael E. Porter, "What Is Strategy?" *Harvard Business Review*, November – December 1996, 61 – 78.

第 3 章

1. Vincent P. Barabba and Gerald Zaltman, *Hearing the Voice of the Market* (Boston: Harvard Business School Press, 1991), 61.

2. Vincent P. Barabba, *Meeting of the Minds* (Boston: Harvard Business School Press, 1995), 127.

3. Dorothy Leonard and Jeffrey F. Rayport, "Spark Innovation Through Empathetic Design," *Harvard Business Review*, November – December 1997, 102 - 113.

4. Patrick Barwise and Sean Meehan, *Simply Better* (Boston: Harvard Business School Press, 2004), 66 – 67.

第 4 章

1. B. Joseph Pine II, *Mass Customization* (Boston: Harvard Business School Press, 1993), xiii.

2. Philip Kotler, *Marketing Management*, millennium edition (Upper Saddle River, NJ: Prentice Hall, 2000), 274.

3. Al Ries and Jack Trout, *The 22 Immutable Laws of Marketing* (New York: HarperBusiness, 1993), 35.

第 5 章

1. George Day and David J. Reibstein, *Wharton on Dynamic Competitive Strategy* (New York: John Wiley & Sons, 1997), 23.

2. Michael E. Porter, "How Competitive Forces Shape Strategy," *Harvard Business Review*, March–April 1979, 113–135.

3. 同上。

第 6 章

1. David Bovet and Joseph Martha, *Value Nets* (New York: John Wiley & Sons, 2000), 30.

2. Patrick Barwise and Sean Meehan, *Simply Better* (Boston: Harvard Business School Press, 2004), 20.

第 7 章

1. Eric Almquist, Andy Pierce, and César Paiva, "Customer Value Growth: Keeping Ahead of the Active Customer," *Mercer Management Journal*, 13 June 2002.

2. Rober E. Wayland and Paul M. Cole, *Customer Connections* (Boston: Harvard Business School Press, 1997), 103.

3. Frederick Reichheld and W. Earl Sasser Jr., "Zero Defections: Quality Comes to Services," *Harvard Business Review*, September – October 1990, 110.

4. Frederick Reichheld, *The Loyalty Effect* (Boston: Harvard Business School Press, 1996), 52.

第8章

1. Anthony W. Ulwick, "Turn Customer Input into Innovation," *Harvard Business Review*, January 2003, 91 – 97.

2. Marc H. Meyer and Alvin P. Lehnerd, *The Power of Product Platforms* (New York: The Free Press, 1997), xii.

3. 同上, 5～15页。

4. Booz Allen & Hamilton, Inc., "New Product Management for the 1980s," Booz Allen & Hamilton, Inc., 1982.

5. Robert G. Cooper, "Stage-Gate Systems: A New Tool for Managing New Products," *Business Horizons*, May – June 1990, 45 – 54.

6. Vincent P. Barabba, *Meeting of the Minds* (Boston: Harvard Business School Press, 1995), 137.

7. Patrick Barwise and Seán Meehan, *Simply Better* (Boston: Harvard Business School Press, 2004), 94.

第9章

1. Robert J. Dolan, "Pricing: A Value-Based Approach," Note 9-500-

071 (Boston: Harvard Business School, December 21, 1999), 89–90.

第 10 章

1. 关于 6M 的完整讨论,见 Robert J. Dolan, "Integrated Marketing Communications," Note 9-599-087 (Boston: Harvard Business School, revised June 1, 2000)。

第 11 章

1. Gerry McGovern, "Internet Marketing Motto: Be useful," MarketingProfs. com, December 7, 2004, www. marketingprofs. com/ 4 / mcgovern32. asp.

2. "Marketing Forecast: U.S. Retail 2004–2008," Jupiter Research, January 2004, jupitermedia. com/corporate/releases/04. 01. 20newjupresearch. html.

3. "Convicted Spammer Gets Nine-Year Sentence," *Wall Street Journal Online*, 8 April 2004.

第 12 章

1. Theodore Levitt, "The Globalization of Markets," *Harvard Business Review*, May–June 1983, 92–102.

2. John A. Quelch, "The Return of the Global Brand," *Harvard Business Review*, August 2003, 22–23.

3. Philip Kotler, *Marketing Management*, millennium edition (Upper Saddle River, NJ: Prentice Hall, 2000), 367.

4. John A. Quelch and Edward J. Hoff, "Customizing Global Marketing," *Harvard Business Review*, May–June 1986, 59–68.

5. 这个故事先由 Sunbeam 的前首席执行官 Alvin Lehnard 告诉给 Richard Luecke, 后又被收录至 Marc H. Meyer and Alvin P. Lehnard 的 *The Power of Product Platforms* (New York: Free Press, 1997) 一书中, 105–117。

6. 这则广告是历史上最成功的广告之一, 关于它的完整故事详见 www2.coca-cola.com/heritage/cokelore_hilltop_include.html。

7. Kotler, *Marketing Management*, 387–388.

第13章

1. 引用自 Laura Patterson, "The Four Marketing Practices of Winners," MarketingProfs.com, March 8, 2005, marketingprofs.com/5/patterson3.asp。

2. Michael Fischler, "Fresh Focus," a biweekly e-newsletter of Markitek, markitek.com/archives.htm.

3. Philip Kotler, *Marketing Management*, millennium edition (Upper Saddle River, NJ: Prentice Hall, 2000), 707–708.

4. Ethics Quality, Inc., "Ethics and Culture Management Are Good for Business," ethicsquality.com/marketing.htm.

销者百宝箱

营销者百宝箱

术语表

术 语 表

ATMOSPHERICS 氛围　交易的现实和心理环境。当顾客希望有一个令人愉悦的购物环境时,氛围就能成为有力的差异手段。

BAIT AND HOOK PRICING 诱饵定价　一种定价策略。将产品的购买价格定得很低,但是替换的零配件价格定得非常高。剃须刀的刀片就是大家熟悉的例子。

BRAND 品牌　一个名称、术语、标志或象征,或者是上述几者的结合,用来识别不同的产品或服务。

BRAND EQUITY 品牌资产　品牌给企业带来的经济价值。

BRAND EXTENSION 品牌延伸　将已有的成功品牌名称移植到其他的产品或服务上。

BRANDING 品牌塑造　一种沟通上的努力,目的是帮助顾客区分自己与对手的产品或服务,并且偏爱自己的产品或服务。

BREAKTHROUGH PRODUCT 突破性产品　一种产品(或服务)具备以下一个或几个特点:具有全新的功能——新产品;功能改进后,其表现明显强于以前;具有其他产品所提供的功能,但费用明显减少。突破性产品能改变行业的竞争秩序。

COMMODITY 大众产品　没有差异或差异较小的产品或服务。

COMPETITOR 竞争者　从市场营销的角度来看,一家企业满足或准备满足的顾客需求与你的公司一样,它就是你的竞争者。

术语表

CONJOINT ANALYSIS 组合分析　一种统计技术,用来预测买方在产品或服务的各种特性中如何作出选择,目的是确定潜在买主更偏好哪种相关特性的组合。市场研究人员认为:组合分析在预测顾客是否接受新产品或服务时非常有用。

CUSTOMER DEVELOPMENT 顾客发展　开展营销活动,扩展当前顾客跟你之间的业务量。也被称作扩展当前顾客的"钱包份额"。

DIFFERENTIATION 差异化　使产品或服务与竞争对手区别开来的行为。

DUMPING 倾销　低于成本,或者低于先前市场上价格的定价行为,目的是进入某一市场或者排除竞争者。

EMPATHETIC DESIGN 共鸣设计　研究人员通过观察人们在各自的环境中怎样使用现有的产品和服务来寻找创意。比方说,研究者可能住在一个有代表性的家庭里,观察他们怎样使用电器来做家务活。

EXPERIENCE CURVE 经验曲线　一种认为随着累积产量的上升,单位成本将会下降的观念。根据经验曲线的思想,一家企业与它的模仿者相比,理论上能够保持成本上的竞争优势。

FOCUS GROUP 焦点小组　指一组受访者,在训练有素的主持人引导下,讨论某种产品或服务、对某一企业的感觉,甚至是对某一政治事件的态度。

FOUR P'S OF MARKETING 市场营销的 4P　见"市场营销组合"(Marketing Mix)。

· 251 ·

HORIZONTAL PRODUCT LINE 水平产品线 指用不同的产品大类或产品配置来满足不同顾客口味的产品线。

INCREMENTAL PRODUCT 改良产品 利用了现有结构或技术，或者是对现有结构或技术作出某种改进的新产品。

INTEGRATED MARKETING COMMUNICATIONS（IMC）整合营销传播 在每一个顾客接触点上产生一致的品牌信息的战略过程。目的是以一致、互补的方式利用多种沟通渠道，提高产品或服务的认知度，告知产品或服务的功能和利益，促使人们购买。

INTERNET MARKETING 网络营销 任何通过网络进行宣传和销售产品或服务给个人、企业、非赢利组织或政府的行为都叫做网络营销。

LEAD USERS 领先用户 需求领先于市场趋势的企业和个人、顾客和非顾客，现有的产品难以满足他们的需求。

MARKET CHANNELS 市场渠道 将产品或服务从制造商传递给最终用户的中间商企业，也叫做交易渠道或分销渠道，例如零售商店、直邮和网上销售。

MARKET ORIENTATION 市场导向 一种业务导向，认为企业应该了解顾客的欲望、需求和评价，然后组织生产和传递给顾客真正有价值的产品或服务。

MARKET-ORIENTED STRATEGIC PLANNING 市场导向的战略规划 针对企业的目标、技能、资源和变化的市场机会形成可行性战略的管理过程。

MARKETING PLAN 市场营销计划 一种战术性的计划，对活动进行安排,以完成企业的市场营销战略。营销计划中应该为销售、促销活动、定价目标和分销制定时间表。同时,还应该确定如何控制过程、如何测量结果的方法。

MARKET RESEARCH 市场研究 对企业外部的相关业务数据进行正式的搜集、分析和整理。

MARKETING 市场营销 关于构思、产品和服务的设计、定价、促销和分销的规划与实施过程,目的是创造能实现个人和组织目标的交换。

MARKETING CONCEPT 市场营销观念 这种观念认为:实现企业目标的关键是:比竞争者更有效地生产和传递目标市场所期望的产品或服务,更有效地与目标市场沟通。市场营销观念有四大要点:(1)识别目标市场;(2)聚焦顾客需求;(3)从顾客的角度出发来协调所有的营销职能;(4)实现赢利。

MARKETING MIX 市场营销组合 企业用来实现市场目标的一套分析工具——产品、价格、渠道和促销。也被称为市场营销的"4P"。

MARKETING NETWORK 市场营销网络 企业和股东之间的联系网络,与顾客、员工、供应商、分销商建立的赢利商业关系。拥有最好营销网络的企业同样拥有重要的竞争优势。

MASS CUSTOMIZATION 大规模定制 通过弹性制造或模块设计(或两者皆有)生产商品,以满足特殊的顾客需求。

NEED 需求 人类的基本需要,比如食物、空气、水、服装、住所、消遣、教育、娱乐等。

OPT IN 单向确认　在网上交易中,用户自愿登记姓名和电子邮件以收到卖主的免费邮件或实时信息的行为。

PENETRATION PRICING 渗透定价　将产品或服务的最初价格定在供求状况指示价格以下的定价策略。企业采取这种策略是希望产品能够被下列市场更广泛地接受:本来不买的人现在购买,或者竞争对手产品的忠实用户转而购买本企业的产品。

PLACE 渠道（分销）　市场营销组合的组成部分之一,涉及产品或服务的销售和分销。渠道可以是一个零售商店、一个全国性的分销网络、一个电子商务网站或者是一份直邮目录。

POSITIONING 定位　定位试图控制潜在顾客看待你的产品和服务的态度。它清楚地描述了在目标顾客心目中,你的产品或服务的核心利益是什么。

PRESTIGE PRICING 声望定价　一种定价策略,通过制定较高的价格,试图在顾客心目中形成品牌高质量和独一无二的感觉。

PRICE 价格　买方交换你的产品或服务时所付出的代价。市场营销组合的组成部分之一。

PRICE ELASTICITY OF DEMAND 需求价格弹性　一个对顾客的价格敏感程度量化的方法。

PRICE PROMOTION 价格促销　刺激购买的工具之一,通常是短期行为,激励消费者试用、迅速购买产品或服务,或者购买量更大。

PRICE SKIMMING 撇脂定价　一种定价策略,将一件全新的产品制定一个较高的价格,从必须购买此产品的顾客那里获得较高的利润。一旦这块市场撇脂完毕,制造商再将价格降下来,以吸引其他感兴趣的顾客。

PROCUREMENT 采购 一家企业从另外的企业购买原材料或服务的过程,以便利用所购原材料或服务生产商品或服务,并提供给消费者。

PRODUCT 产品 市场营销组合的组成部分之一,即提供给消费者的物品(或服务),并伴随以下无形的部分:质量保证、售后服务、选择权等。任何能满足顾客需求和欲望的商品或服务都是产品。

PRODUCT CONCEPT 产品观念 一种认为消费者喜欢的产品一定质量最好,表现最棒,或者最有创新的观念。

PRODUCT PLATFORM 产品平台 由许多子系统和界面形成的一般产品结构,能够高效地为不同细分市场开发一系列派生产品。

PRODUCTION ORIENTION 生产导向 一种重视生产的业务导向,这种导向认为,顾客偏爱用途广泛和便宜的产品。

PROMOTION 促销 作为市场营销组合的组成部分之一,促销是指企业为确保顾客知晓其产品,对它们有较好的印象,并做出实际购买而进行的沟通活动。这些活动包括广告、目录(销售辅助物)、竞赛(劝诱工具)、公共关系和人员推销。

PUBLIC RELATIONS 公共关系 沟通的形式之一,目的是提高公众对企业、产品和服务的认知和了解程度,并形成偏好。PR(公共关系)工具包括:发布新闻、领导讲话和公共服务活动。与其他沟通形式不同,公共关系利用免费渠道。

RECIPROCAL LINKS 互惠链接 在网络营销中,指产品相关但互

不竞争的各个站点之间的链接。例如,女性服装的站点也许和珠宝站点有互惠链接。

RELATIONSHIP MARKETING 关系营销 和重要的群体,如顾客、供应商、分销商等等建立长期相互满意的关系,以维持长期的业务,获得长期的利润。

SAMPLE SURVEY 抽样调查 一种市场研究技术,从统计人口里随机抽取若干有效样本,在一定的限制条件下,用抽样结果来推断人口的总体特征。

SATISFACTION 满意度 顾客感知到的产品表现与期望比较后获得的愉悦或不满程度。

SEGMENTATION 市场细分 根据可识别的市场变量,如收入、年龄、个人爱好、种族等等将整体市场划分为若干个消费者群的市场分类过程。细分的目的是将营销力量集中于目标顾客身上。

SELLING CONCEPT 推销观念 这种观念认为:企业必须积极推销它们的产品或服务,因为消费者不会主动购买足够的数量。

SOCIETAL MARKETING CONCEPT 社会营销观念 这种观念认为:企业的任务是识别目标市场的需求、欲望和兴趣爱好,并且达到比竞争者更好的顾客满意度,而且这些建立在保护和增加消费者和社会的福利基础上。

SPAM 垃圾邮件 不请自来和不想要的电子邮件。

STAGE-GATE SYSTEM 阶段—关卡流程 罗伯特·库柏提出的一种产品或服务研发系统,特点是具有一系列交互的研发阶段和评价"关卡"。它的作用是消除不好的创意,加快好创意实施的时间。阶段—关卡流程能够控制从产生创意直到商业化的整个过程。

STRATEGY 战略　使企业获得竞争优势的计划。通过战略能够了解你在做什么,知道你想变成什么样子,最重要的是,关注你怎样才能变成那个样子。

SUPPLY CHAIN 供应链　从原材料生产、加工成产品,到将产品传递给最终用户的一系列活动,也包括将产品传递给顾客的营销渠道。

TRUE ECONOMIC VALUE（TEV）实际经济价值　一种概念上的标准,测量顾客如何估算理想的购买价格。

TEV＝最佳替代品的费用＋产品的差异价值

VALUE 价值　顾客所得与所失的比较。

VERTICAL PRODUCT LINE 垂直产品线　为不同顾客或者不同层次的需求（例如,好、更好、最好）提供产品的产品线。

WANT 欲望　欲望是指对能够满足某种需求的具体事物的需要。例如,对汉堡包的欲望是因为它能满足对食物的需求。

销者百宝箱

销者百宝箱

扩展阅读

销售者百宝箱

扩展阅读

网络资源

Fresh Focus，www.markitek.com/archives.htm.这种半月一期的电子实时通讯是由咨询公司Markitek的创办人和市场战略专家迈克尔·菲斯奇勒（Michael Fischler）所编写。可以申请这种网络实时通讯，也可以登录网站去检索感兴趣的文章。

Harvard Business Online，http://harvardbusinessonline.hbsp.harvard.edu.本站点提供哈佛商学院的案例和课堂笔记，同时还有数十年来在《哈佛商业评论》上发表的文章。你可以在本站点搜索到关于市场营销、新产品开发、定价或者其他方面感兴趣的信息。许多内容可以直接下载。所有的哈佛资源与笔记都可以从这个站点得到。（本网站的运作者正是本书的出版商。）

Harvard Business School，*Working Knowledge*，http://hbswk.hbs.edu.哈佛商学院的免费在线服务网站，它提供了关于商业的每一方面的有用信息，包括从商业历史到商业技术，当然也包括市场营销。这些材料通常采用采访资料的形式，采访对象包括研究学者、从

扩展阅读

业者和作家。本站点还提供书评和哈佛商学院最新研究成果的摘要。

Knowledge@Wharton，http://knowledge.wharton.upenn.edu. 本站点是沃顿商学院的在线服务网站，主要讨论商业趋势并提供多个主题的研究大纲。与哈佛商学院的网站一样，本网站可以按照商业主题进行搜索。你可以找到许多营销方面的文章以及营销调研方面的其他资源。

文 章

Almquist, Eric, and Gordon Wyner. "Boost Your Marketing ROI with Experimental Design." *Harvard Business Review*, October 2001, 135-141. 大多数营销经理承认：在营销中有很多事情需要猜测，但是，通过借鉴长期应用在其他领域——实验设计——的统计工具之后，营销人员就能够非常准确地对目标顾客开展活动。

Dolan, Robert J. "Analyzing Consumer Preferences." Note 9-599-112 (Boston: Harvard Business School, revised December 12, 2001). 了解消费者偏好是市场营销的核心内容之一。当我们分析消费者行为时，我们就是在评估消费者如何作出购买决策。这篇教案分析了两种研究消费者偏好的工具，它们的作用已经得到证明，这就是观念测试和组合分析。

销者百宝箱

Dolan, Robert J. "Conjoint Analysis: A Manager's Guide." Note 9-590-059 (Boston: Harvard Business School, revised May 8, 1990). 这篇教案具体地描述了组合分析技术, 语言非常通俗, 使管理者容易理解并且付诸实践。它讨论了完成这项研究的程序, 并指出了其应用领域。

Duta, Ana, James Frary, and Rick Wise. "Finding New Growth in Tough Consumer Markets." *Mercer Management Journal* 17 (Summer 2005): 24-34. 随着品牌数量的增加, 消费品公司面临着暗淡的收入增长前景。这篇文章展示了卡夫 (Kraft)、宝洁和 Netflix 如何以当前的产品定位为出发点, 减少与其他产品的竞争并且增加了收益。

Hogan, Susan, Eric Almquist, and Simon E. Glynn. "Buiding a Brand on the Touchpoints That Count." *Mercer Management Journal* 17 (Summer 2005): 46-63. 营销人员有很多机会接触到顾客信息。其中有些比较重要, 有些不太重要。这篇文章指出了成功的品牌塑造者如何识别最重要的接触点, 并对其大量投入。

Iansiti, Marco, and Alan MacCormack. "Developing Products on Internet Time." *Harvard Business Review* (September-October 1997). 互联网的兴盛为产品开发提供了一个非常具有挑战的环境。一件产品能够满足的市场需求和满足市场需求所需要的技术在急剧地变化, 即便是尚在开发中的产品也是这样。为此, 企业不得不修改传统的产品开发程序, 即设计的实施必须在产品

扩展阅读

概念完全确定之后。作者们指出：有些企业开始倡导弹性的产品开发程序，允许设计人员即便在实施的同时仍然可以明确和完善产品概念。这种创新使得网络公司能够在产品推出前迅速调查顾客的需求，并改变设计，直到令人满意。

Kon, Martin. "Stop Customer Churn Before It Starts." *Harvard Management Update* (July 2004), 7-8. 满意度调查和流失顾客面谈并没有揭开顾客维持的秘密。你需要更深刻地了解什么是真正驱使顾客行为的诱因。本文提供了一个三步法用来探询顾客流失的根本原因。

Rigby, Darrell K., Frederick F. Reichheld, and Phil Schefter. "Avoid the Four Perils of CRM." *Harvard Business Review* (February 2002), 101-109. 对顾客忠诚和赢利性进行测量和管理能帮助你制定有效的顾客策略，本文作者认为：这条策略必须要表达得清楚、明白，而且是在实施客户关系管理（CRM）之前。为什么呢？因为CRM是用来支持你的策略，而非管理客户关系的工具。作者建议你将顾客从最能赢利到最不能赢利区分开来，然后确定是否在他们身上投入，是否限制他们的服务费用，或者是否抛弃他们。作者同样建议你没有必要跟踪顾客，因为CRM虽然允许与顾客接触，但并不意味着你需要一直不停地接触。

Tabrizi, Behnam, and Rick Walleigh. "Defining Next-Generation Products: An Inside Look." *Harvard Business Review* (November-December 1997). 技术型企业持续成功的诀窍在于：它们擅长制造下一代产品和派生产品。所以将此类产品提到上市日

销者百宝箱

程上是技术型企业的惯例,对吗?并不完全对。斯坦佛大学行业工程和工程管理部门的工程管理咨询专家贝南·塔布里奇(Behnam Tabrizi)与咨询顾问里克·沃利(Rick Walleigh)一起对14家领先的高科技企业的28个下一代产品项目进行了细致的研究。作者能够接触到敏感的内部信息,并对不同级别的人公正地进行采访。他们发现:大部分企业并不能完成已经提上议事日程的项目。企业同样难于开发填补下一代产品需求空隙的派生产品。作者发现:每个案例的问题都源于产品定义阶段,而且并非巧合的是,本次研究中所有的成功企业都知道如何处理产品定义的技术和未知市场。作者从这些企业的行为中识别出了最佳的方法,这些方法能够对任何企业的产品研发过程的定义阶段作出改进。

Thomke, Stefan, and Ashok Nimgade. "Note on Lead User Research" Note 9-699-014 (Boston:Harvard Business School, 1998). 现在的许多伟大产品都来自于领先用户的创意。这篇12页的哈佛商学院教案描述了领先用户观念,并提出了从领先用户那里获得创意的步骤、方法。

书 籍

Aaker, David A. *Building Strong Brands*. New York:Free Press, 1993. 尽管已经是十几年前的作品了,但是本书仍然是为企业塑造品牌身份提供创意的权威著作。Aaker利用案例研究和印刷广告来说明：如何将品牌定位于目标市场。本书涵盖了三个重要论题：(1) 为什么品牌经理应该避免近视，避免聚焦于支持情感和自我表达的品牌特性上；(2) 将品牌看做一个系统，包括重叠的品牌和分支品牌；(3) 如何利用度量参数来追踪品牌价值。

Ambler, Tim. *Marketing and the Bottom Line*. 2nd edition. Upper Saddle River, NJ: Prentice Hall, 2004. 如果你关注营销投资的经济价值和方法，本书就非常值得阅读。营销人员最大的错误之一在于：他们没法用数据证明营销上的开支有利于提高企业的经济效益。由于缺乏一条明确的盈亏平衡线，难怪许多 CEO 们对营销预算是越来越小气。本书能够明确指导你如何测量营销的价值。

Barwise, Patrick, and Sean Meehan. *Simply Better*. Boston: Harvard Business School Press, 2004. 大多数管理人员相信：要想获得和维持顾客，就得提供一些不一样的东西。但是看起来产品本身越来越难以差异化，企业只能求助于品牌、各种技巧和"跳出思维定式"。同时，顾客并不像十几年前那么容易满足了。

巴维斯和米汉认为：大多数企业在进行差异化的时候都遗忘了它们的顾客。顾客并不需要花哨的东西，也不关心品牌之间细小的差别。本书作者指出：顾客真正想要的是高质量的产品、可靠的服务和合理的价位。本书提供了一个可操作性强的框架，用于将上述的产品优点传递给顾客。

Godin, Seth. *The Big Red Fez: How to Make Any Website Better*. New York: Free Press, 2002. 本书作者 Seth Godin 曾经

销者百宝箱

写过一些著名的商业书刊，现在则将他的营销才能转用到网站设计这块增长的领域上来。他提供了一些实用的建议，能够使网站更加吸引浏览者和购买者，包括避免任何浪费浏览者时间的设计；利用一些小刺激来使他们点击专门的信息等等。这些建议后来都得到了很好的证明。

Humby, Clive, Terry Hunt, and Tim Phillips. *Scoring Points: How Tesco Is Winning Customer Loyalty*. London: Koger Page, 2004. 乐购是英国的一家大型连锁超市，也是世界领先的网络销售商。但乐购的网站不止销售大众产品，它同时还出售CD、DVD、书籍、电视机、保险、抵押贷款，甚至是移动电话服务。乐购为何发展如此迅速？答案就在于乐购的顾客忠诚计划和消费者的数据库。

两位帮助乐购实施上述策略的咨询专家在该书中写道：乐购通过其会员卡的反复使用来加深与顾客之间的关系。本书将会吸引所有想了解顾客忠诚计划、市场高度细分和利用数据了解顾客需求的人。

Koehn, Nancy F. *Brand New: How Entrepreneurs Earned Consumers' Trust from Wedgwood to Dell*. Boston: Harvard Business School Press, 2001. 在乔西亚·韦兹伍德（Josiah Wedgwood）出现之前，英国人盛放食物的盘子都是木头或白蜡做的。在亨利·海因斯（Henry Heins）出现之前，妇女们辛苦地保存她们的腌制食品。在迈克尔·戴尔（Michael Dell）出现之前，只有少数人拥有个人电脑，更不要说梦想购买定制化的电脑。历史学

扩展阅读

家南希·凯恩揭示了这些开创者,以分享他们的天赋:识别经济和社会变化如何影响消费者需求和欲望的能力。

在该书中,凯恩介绍了在创建品牌方面最为成功的六位企业领导人——其中三位仅仅是说同零售商马歇尔广场(Marshall Field)一样优秀,还有化妆品行业巨头雅诗兰黛(Estee Lauder)和星巴克的创立者霍华德·舒尔茨(Howard Schultz)。按凯恩所说,这些企业家不仅仅是精明的营销人,他们还是公司的创立者,利用品牌作为重要的战略工具,支持他们与顾客的联系和开拓新的市场。

Kotler, Phillips. *Marketing Management*. 11th edition. Upper Saddle River, NJ: Prentice Hall, 2002. 大多数学者认为这本MBA教材是当前营销方面的权威著作。即便不是为实战的经理准备,也是容易获得的参考读物,并提供了现代营销各个方面的专家意见。

Prahalad, C. K., *Fortune at the Bottom of the Pyramid*. Upper Saddle River, NJ: Prentice Hall, 2004. 虽然大多数营销人员对于最佳细分市场的见解是最高收入层的人,C. K.普拉哈拉德(C. K. Prahalad)却认为最令人兴奋和最快速增长的市场是在底层,也就是世界上的亿万穷人。但挑战是如何从这个庞大的市场上获利。本书告诉你怎样从穷人身上增加收益,并且获得持续的经济发展。

Reichheld, Frederick. *The Loyalty Effect*. Boston: Harvard Business School Press, 2001. 在商业环境中,忠诚似乎正在缺

销者百宝箱

失:目前,许多大公司五年内会失去并替换一半的客户,员工则在四年内失去并替换一半,投资人则是不到一年就失去并替换一半。弗雷德里克·里奇汉(Frederick Reichheld)指出了为什么忽视这些流失的企业会面临低增长、低利润和低存活概率的前景。作者还论证了基于忠诚的管理是持续的经济变动中高度赢利的选择。他举出了一个关于忠诚的案例,读者能够从数据中看出上述观点的正确性。他最后的结论令人吃惊:即便只是在顾客维持上作出小的改进,也能让你的企业获得比付出翻倍的利益。

Ries, Al, and Jack Trout. *Marketing Warfare*. New York: McGraw Hill, 1986. 这本畅销且实用的书将营销比作战争。书中的章标题为:"兵力原则"、"防御优势原则"、"侧翼战原则"等等。本书见闻广博,充满智慧。所以,穿上你的防弹衣,冲上战场吧。

Wayland, Robert E., and Paul M. Cole. *Customer Connections*. Boston: Harvard Business School Press, 1997. 本书为管理者提供了一个战略性的框架,该框架使我们对顾客的了解与赢利联系起来。该书也许比其他书更详细地解释了怎样计算顾客的经济价值,它能够帮助读者区分耗费公司资源和增加公司价值的顾客。通过ScrubaDub洗车公司、*Inc.*杂志、联邦快递(United Parcel Service)和Wachovia银行的案例,作者指出杰出的企业是如何利用技术保持与高价值顾客的联系的。

Wensley, Robin, and Barton A. Weitz, eds. *Handbook of Marketing*. London: Sage Publications, 2002. Wensley和Weitz的手册是本套"精粹"丛书的极佳补充,在内容上更有深度,每一章

扩展阅读

由各个营销领域的最杰出人才编写。130美元是一笔不小的投资,但是如果长期从事营销工作,你的投入就一定会有回报。

Wheelwright, Steven C., and Kim B. Clark. *Revolutionizing Product Development*. New York: Free Press, 1992. 基于多年的研究和案例编写,本书提供了一个关于产品开发的实用架构,在这个架构中包括整合营销、制造和设计等等。这个架构强调了速度、效率和产品质量的重要性。

销者百宝箱

营
销者百宝箱

顾问简介

顾问简介

帕特里克·巴维斯（Patrick Barwise），伦敦商学院（LBS）的管理和营销学教授,《就是要更好》的共同作者[另一作者为肖恩·米汉,瑞士管理发展学院（IMD）,洛桑]之一。巴维斯的早期职业生涯在 IBM 度过，之后于 1976 年加入伦敦商学院。他还出版过书籍《电视与观众》（Television and Its Audience）、《品牌会计》（Accounting for Brands）、《战略决策》（Strategic Decisions）、《预言：经济萧条下的媒体与广告》（Prediction：Media and Advertising in a Recession），并有许多学术著作与实践文章，大部分讨论的是品牌、消费者和受众行为、营销支出趋势（www.london.edu/marketing/met）及新媒体。巴维斯还是英国电信监管机构 Ofcom 的顾问，最近在帮助英国政府做一项关于 BBC 数字电视服务的独立调查。

营 销者百宝箱

作者简介

销者百宝箱

作者简介

理查德·吕克（Richard Luecke），哈佛商务指南系列丛书多本书的作者。他在马萨诸塞州的塞伦工作，出版各类商业主题的著作40多本，也曾发表多篇文章。他拥有圣托马斯大学（University of St. Thomas）的工商管理硕士（MBA）学位。联系方式为：richard. luecke@verizon. net。